suhrkamp taschenbuch 1266

Stanisław Lem, geboren am 12.9.1921 in Lwów, lebt heute in Kraków. Er studierte Medizin und war nach dem Staatsexamen als Assistent für Probleme der angewandten Psychologie tätig. Privat beschäftigte er sich mit Problemen der Kybernetik, der Mathematik und übersetzte wissenschaftliche Publikationen. 1985 wurde Lem mit dem Großen Österreichischen Staatspreis für Europäische Literatur ausgezeichnet und 1987 mit dem Literaturpreis der Alfred Jurzykowski Foundation. Wichtige Veröffentlichungen: *Solaris* (1972), *Die vollkommene Leere* (1973), *Sterntagebücher* (1973), *Robotermärchen* (1973), *Das Hohe Schloß* (1974), *Summa technologiae* (1976), *Imaginäre Größe* (1976), *Der Schnupfen* (1977), *Phantastik und Futurologie I und II* (1977/78), *Die Stimme des Herrn* (1981), *Provokation* (1981), *Kyberiade* (1983), *Also sprach Golem* (1984), *Lokaltermin* (1985), *Frieden auf Erden* (1986).

Wenn wir etwas besonders bewundern, sagen wir, das ist phantastisch! Man verachte nicht den alltäglichen Sprachgebrauch. Was Stanisław Lem in seinen Geschichten treibt, ist phantastisch in doppeltem Sinne. Phantasie ist im Spiel, ein Übermaß an Phantasie. Was Lem in so mancher Geschichte beiläufig an Einfällen verstreut – damit könnten andere Autoren ein Lebenswerk bestreiten.

Phantastisch ist aber auch der Erfolg Lems – allein im deutschen Sprachraum wurden seine Werke bisher in nahezu sechs Millionen Exemplaren verbreitet, je zur Hälfte in der BRD und der DDR. Gesammelt wurden hier all die Geschichten, und zwar quer durch sein Werk, in denen seine überschäumende Phantasie und erzählerische Kraft besonders farbig und plastisch zutage tritt. Wir treffen auf all die kauzigen Figuren wie Professor Tarantoga, Ijon Tichy, den Piloten Pirx, Trurl und Klapaucius und viele andere mehr – Menschen und Roboter. Nicht zuletzt sind die Texte dieses Querschnitts ein Beweis, daß Denken – denn Lem bezeichnet sich selbst als Sklaven der Logik – eine höchst vergnügliche Sache sein kann, die dem Leser Lustgewinn bereitet.

Stanisław Lem
Also sprach GOLEM

*Aus dem Polnischen
von Friedrich Griese*

Phantastische Bibliothek
Band 175

Suhrkamp

Redaktion und Beratung: Franz Rottensteiner
Titel der Originalausgabe: *Golem* XIV, Kraków 1981
Die Übersetzung wurde vom Autor autorisiert
Umschlagzeichnung von Tom Breuer

suhrkamp taschenbuch 1266
Erste Auflage 1986
© by Stanisław Lem 1973, 1981
© der deutschsprachigen Übersetzung Insel Verlag Frankfurt am Main 1984
Lizenzausgabe mit freundlicher Genehmigung des Insel Verlags,
Frankfurt am Main
Suhrkamp Taschenbuch Verlag
Alle Rechte vorbehalten, insbesondere das
des öffentlichen Vortrags, der Übertragung
durch Rundfunk und Fernsehen
sowie der Übersetzung, auch einzelner Teile.
Druck: Nomos Verlagsgesellschaft, Baden-Baden
Printed in Germany
Umschlag nach Entwürfen von
Willy Fleckhaus und Rolf Staudt

4 5 6 7 8 9 – 01 00 99 98 97 96

Inhalt

Vorrede
von Irving T. Creve 7

GOLEMs Antrittsvorlesung
Dreierlei über den Menschen 31

XLIII. Vorlesung
Über mich 85

Nachwort
von Richard Popp 159

Vorrede

Den historischen Zeitpunkt auszumachen, an dem ein Rechner die Stufe der Vernunft erreichte, ist ebenso schwer, wie jenen Moment herauszufinden, mit dem der Affe sich in den Menschen verwandelte. Dabei ist es kaum ein Menschenalter her, seit mit dem Bau des Analysators für Differentialgleichungen von Vannevar Bush die stürmische Entwicklung der Intellektronik eingeleitet wurde. Der anschließend, gegen Ende des Zweiten Weltkrieges, konstruierte ENIAC war jene Anlage, auf welche die freilich verfrühte Bezeichnung »Elektronengehirn« zurückgeht. ENIAC war schon ein regelrechter Computer, aber verglichen mit dem Entwicklungsbaum des Lebens, war er ein primitives Nervenganglion. Mit ihm lassen jedoch die Historiker das Computerzeitalter beginnen. In den fünfziger Jahren des 20. Jahrhunderts entstand ein erheblicher Bedarf an Rechenmaschinen. Als einer der ersten hat der Konzern IBM mit der Massenproduktion begonnen.

Mit Denkprozessen hatten diese Anlagen kaum etwas zu tun. Es waren Datenverarbeitungsanlagen, sowohl in der Ökonomie und im Big Business wie auch in den Verwaltungen und der Wissenschaft. Auch in die Politik hielten sie Einzug – schon die ersten benutzte man, um die Ergebnisse der Präsidentschaftswahlen vorherzusagen. Ungefähr zur gleichen Zeit gelang es der RAND Corporation, militärische Stellen im Pentagon für die Methode zu interessieren, durch das Aufstellen sogenannter »Szenarien« Ereignisse auf dem internationalen militärisch-politischen Schauplatz zu prognostizieren. Von hier war es nicht mehr weit zu verläßlicheren Verfahren wie CIMA, aus denen zwei Jahrzehnte später die angewandte Algebra der Ereignisse hervorging, die man (mit einem nicht sonderlich geglückten Ausdruck) als Politomatik bezeichnete. Auch in der Rolle der Kassandra bewies der Computer seine Fähigkeiten, als man, im Rahmen des berüchtigten Projekts »The Limits to Growth«, am Massachusetts Institute of Technology erstmals daran ging, formale Modelle der irdischen Zivilisation zu erstellen. Doch nicht dieser Zweig der Computer-Revolution hat sich als der wichtigste für den Ausgang des Jahrhunderts erwiesen. Die Armee benutzte Rechenmaschinen seit dem Ende des Zweiten Weltkrieges, und zwar entsprechend dem auf den Schauplätzen dieses Krieges entwickelten System der operativen Logistik. Die strategischen Überlegungen blieben weiterhin Sache der Menschen, doch die sekundären und untergeordneten Probleme wurden immer stärker den Computern überlassen, die man zugleich in das Verteidigungssystem der Vereinigten Staaten integrierte.

Sie bildeten die Nervenknoten des kontinentalen Warnsystems. In technischer Hinsicht waren diese Systeme sehr rasch veraltet. Auf das erste – CONELRAD – folgte, in mehreren Varianten, das System EWAS (Early Warning System). Das Angriffs- und Verteidigungspotential beruhte damals auf einem System beweglicher (Unterwasser-) und unbeweglicher (unterirdischer) ballistischer Raketen mit thermonuklearen Sprengköpfen und auf Ketten von Radar- und Sonarbasen, und die Rechenmaschinen erfüllten darin die Aufgabe von Verbindungsgliedern, also nur ausführende Funktionen.

Die Automation drang auf breiter Front in das Leben Amerikas ein, zunächst von »unten«, das heißt von jenen Dienstleistungen her, die, da sie keine geistige Aktivität erfordern, am leichtesten zu mechanisieren sind

(Bankwesen, Transport, Hotelwesen). Die militärischen Computer führten eng spezialisierte Aufgaben aus: sie suchten Ziele für einen kombinierten Atomschlag, werteten die Ergebnisse von Satellitenbeobachtungen aus, optimierten die Flottenbewegungen und koordinierten die Bahnen der MOLs (Military Orbital Laboratory – Schwerer militärischer Satellit).

Wie zu erwarten, nahm der Umfang der Entscheidungen, die man automatischen Systemen überließ, ständig zu. Während des Rüstungswettlaufs war das verständlich, doch auch die spätere Entspannung wurde nicht zu einer Investitionsbremse an dieser Front, denn auf die beträchtlichen Haushaltsmittel, die durch das Einfrieren des Wasserstoffbombenwettlaufs frei wurden, mochte das Pentagon nach Beendigung des Vietnamkrieges nicht völlig verzichten. Doch auch die damals gebauten Computer der zehnten, elften und schließlich zwölften Generation waren dem Menschen nur an Operationsgeschwindigkeit überlegen. Dadurch erkannte man dann auch, daß innerhalb der Verteidigungssysteme gerade der Mensch jenes Element darstellt, das die angemessene Reaktion verzögert.

Es ist deshalb verständlich, wenn unter den Experten des Pentagon – insbesondere unter den Wissenschaftlern, die mit dem sogenannten »Militärisch-industriellen Komplex« zusammenhingen – die Idee aufkam, dem geschilderten Trend der intellektronischen Entwicklung entgegenzuwirken. Man hat diese Bewegung vielfach als »antiintellektuell« bezeichnet. Sie geht – nach Aussage der Wissenschafts- und Technikhistoriker – auf den englischen Mathematiker der Jahrhundertmitte A. Turing zurück, den Schöpfer der Theorie vom »universellen Automaten«. Dabei handelte es sich um eine Maschine, welche *jede* Operation auszuführen vermag, die sich formalisieren läßt, der man also den Charakter einer perfekt wiederholbaren Prozedur geben kann. Der Unterschied zwischen der »intellektuellen« und der »antiintellektuellen« Richtung innerhalb der Intellektronik läuft darauf hinaus, daß die Möglichkeiten der Turing-Maschine, die von elementarer Einfachheit ist, in ihrem *Hand*lungsprogramm vorgegeben sind; demgegenüber haben die beiden amerikanischen »Väter« der Kybernetik, N. Wiener und J. von Neumann, in ihren Arbeiten ein System konzipiert, das *sich selbst* programmieren kann.

So wie wir sie darstellen, ist diese Alternative natürlich gewaltig vereinfacht, gewissermaßen aus der Vogelperspektive gesehen. Begreiflicherweise hat sich die Fähigkeit der Selbstprogrammierung auch nicht aus dem Nichts ergeben. Ihre unerläßliche Voraussetzung war eine hohe Komplexität des inneren Aufbaus der Computer. Diese, um die Jahrhundertmitte noch nicht absehbare Differenziertheit hat die weitere Entwicklung der mathematischen Maschinen stark beeinflußt, besonders nachdem solche Zweige der Kybernetik wie die Psychonik und die Vielphasige Entscheidungstheorie sich verselbständigt hatten. In den achtziger Jahren entstand in militärischen Kreisen die Idee, alle höchsten Funktionen sowohl auf dem Gebiet des militärischen Kommandos als auch in Politik und Wirtschaft vollständig zu automatisieren. Diese Konzeption, die man später als die »Idee des Einzigen Strategen« bezeichnete, soll General Stewart Eagleton als erster geäußert haben. Hinausgreifend über die Computer, deren Aufgabe die Suche nach optimalen Angriffszielen war, über das Melde- und Rechensystem, das Alarm- und Verteidigung steuerte, hinausgreifend über die Sensoren und Raketen sah er ein machtvolles Zentrum voraus, das während aller, dem äußersten militärischen Fall vorausgehenden Phasen aufgrund einer umfassenden Analyse ökonomischer, militärischer und politischer sowie sozialer Daten imstande wäre, die globale Situation der USA ständig zu optimieren und dadurch im Bereich des Planeten und seiner bereits über den Mond hinausreichenden kosmischen Umgebung den Vereinigten Staaten die Überlegenheit zu sichern.

Diejenigen, die sich anschließend für diese Doktrin einsetzten, sprachen von einer Notwendigkeit des zivilisatorischen Fortschritts, der eine Einheit bilde, so daß man den militärischen Sektor nicht willkürlich davon ausschließen könne. Nachdem man mit der Eskalation der nuklearen Schlagkraft und der Reichweite der Trägerraketen Schluß gemacht hatte, begann eine dritte, scheinbar weniger gefährliche, vollkommenere Phase der Konkurrenz, bei der es nicht mehr um einen Antagonismus der Schlagkraft, sondern des operativen Denkens gehen sollte. So wie zuvor die militärische Stärke, so sollte jetzt das Denken den Menschen entzogen und mechanisiert werden.

Diese Doktrin wurde – wie übrigens auch ihre atomarballistischen Vorläuferinnen – zur Zielscheibe einer Kritik, die vor allem von liberalen und pazifistischen Kreisen ausging, und sie wurde von vielen hervorragenden Vertretern der Wissenschaft, darunter auch Experten der Psychomatik und der Intellektronik, bekämpft, doch schließlich setzte sie sich durch und fand ihren rechtlichen Niederschlag in Beschlüssen beider gesetzgebender Körperschaften der USA. Übrigens entstand schon im Jahre 1986 als ein dem Präsidenten unterstelltes Organ das USIB (United States Intellectronical Board) – mit einem eigenen Haushalt, der im ersten Jahr mit der Summe von 19 Milliarden Dollar abschloß. Das waren allerdings nur die bescheidenen Anfänge.

Mit Hilfe eines Beratergremiums, das halbamtlich vom Pentagon delegiert worden war und von Verteidigungsminister Leonard Davenport geleitet wurde, schloß USIB mit einer Reihe großer Privatfirmen wie International Business Machines, Nortronics und Cybermatics Verträge über den Bau eines Rechnerprototyps ab, der die Codebezeichnung HANN (Abkürzung für Hannibal) erhielt. Durch die Presse und durch verschiedene »undichte Stellen« wurde allerdings eine andere Bezeichnung verbreitet: ULVIC (Ultimative Victor). Bis zum Ende des Jahrhunderts entstanden weitere Prototypen. Als die bekanntesten ließen sich Systeme nennen wie AJAX, ULTOR, GILGAMESH – und die lange Serie der GOLEMs.

Mit einem enormen, stürmisch wachsenden Finanz- und Arbeitsaufwand wurden die traditionellen Verfahren der Informatik revolutioniert. Von ungeheurer Bedeutung war vor allem, daß man bei der innermaschinellen Informationsübermittlung von Elektrizität zu Licht überging. Das führte, in Verbindung mit der fortschreitenden »Nanisierung« (so bezeichnete man die verschiedenen Schritte zur Mikrominiaturisierung – vielleicht ist der Hinweis angebracht, daß gegen Ende des Jahrhunderts zwanzigtausend logische Elemente in einem Mohnkörnchen Platz fanden!), zu sensationellen Ergebnissen. Der erste vollständige Lichtcomputer, GILGAMESH, arbeitete *millionenmal* schneller als der archaische ENIAC.

Der – wie man das nannte – »Durchbruch durch die Klugheitsbarriere« erfolgte kurz nach dem Jahre 2000, mit Hilfe einer neuen Konstruktionsmethode, die man auch als »unsichtbare Evolution der Vernunft« bezeichnete. Bis dahin hatte man jede Computergeneration *real* gebaut; zwar besaß man eine Konzeption, um verschiedene Varianten mit einer riesigen – tausendfachen! – Beschleunigung zu bauen, doch ließ sie sich nicht realisieren, weil die vorhandenen Computer, die dieser Evolution der Vernunft als »Matrizen« oder auch »synthetisches Milieu« dienen sollten, keine hinreichende Kapazität besaßen. Die Verwirklichung dieser Idee wurde erst mit der Entstehung des Bundes-Informationsnetzes möglich. Die Entwicklung der folgenden fünfundsechzig Generationen nahm kaum ein Jahrzehnt in Anspruch; in den Nächten – Zeiten minimaler Belastung – ließ das Bundesnetz eine »künstliche Art von Vernunft« nach der anderen entstehen; es war dies eine »innerhalb der Computergenese beschleunigte« Nachkommenschaft, die heranreifte, nachdem sie mit Hilfe von Symbolen, also von immateriellen Strukturen, in das Informationssubstrat, das »Nährmilieu« des Netzes, eingenistet worden war.

Doch nach diesem Erfolg traten neue Schwierigkeiten auf. AJAX und HANN, Prototypen der 78. und 79. Generation, denen man bereits eine Metallverkleidung zugestehen wollte, zeigten eine Entscheidungsunsicherheit, die man auch als »Maschinennneurose« bezeichnete. Der Unterschied zwischen den älteren und den neueren Maschinen lief letzten Endes auf den Unterschied zwischen einem Insekt und einem Menschen hinaus. Das Insekt kommt »vollständig programmiert« auf die Welt – programmiert durch Instinkte, denen es gedankenlos folgt. Der Mensch dagegen muß das richtige Verhalten erst erlernen – doch dieses Lernen hat *verselbständigende* Wirkungen: Der Mensch kann nämlich aus eigenem Entschluß und eigener Erkenntnis seine bisherigen Handlungsprogramme verändern.

Nun zeichneten sich die Computer bis zur zwanzigsten Generation einschließlich durch ein »Insekten«-Verhalten aus: Sie konnten ihre Programme nicht in Frage stellen oder gar umgestalten. Der Programmierer »imprägnierte« seine Maschine mit Wissen, so wie die Evolution das Insekt mit dem Instinkt »imprägniert«. Noch im 20. Jahrhundert war viel von »Selbstprogrammierung« die Rede, doch waren das damals unerfüllbare Wunschträume. Voraussetzung für die Entstehung des »Ultimativen Siegers« war eben die Schaffung einer »sich selbst vervollkommnenden Vernunft«; AJAX war noch ein Mittelding, und erst GILGAMESH erreichte das richtige intellektuelle Niveau – er »beschritt die Bahn der Psychoevolution«.

Die Vorbereitung eines Computers der achtzigsten Generation ähnelte bereits weit mehr der Erziehung eines Kindes als dem klassischen Programmieren einer Rechenmaschine. Freilich mußte man dem Computer außer einer Unmenge von allgemeinen und speziellen Informationen bestimmte unerschütterliche Werte »einimpfen«, die seinem Handeln als Kompaß dienen sollten. Es waren dies Abstraktionen höherer Ordnung wie die »Staatsräson«, in der Verfassung der USA niedergelegte ideologische Prinzipien, Normenkodexe, der Befehl, sich den Entscheidungen des Präsidenten bedingungslos unterzuordnen usw. Um das System vor einer »ethischen Verfehlung«, vor einem »Verrat der Interessen des Landes« zu bewahren, wurde die Maschine freilich nicht in der Weise in die Ethik eingeführt, wie man den Menschen deren Grundsätze beibringt. Es wurde nicht ein ethischer Kodex in ihr Gedächtnis eingespeichert, sondern alle Gebote des Gehorsams und der Fügsamkeit wurden so in die Struktur der Maschinen eingebracht, wie die natürliche Evolution das im Bereich des Trieblebens tut. Seine Weltanschauung kann der Mensch bekanntlich wechseln – aber er *kann nicht* durch bloßen Willensakt die elementaren Triebe (z. B. den Geschlechtstrieb) in sich vernichten. Man gab den Maschinen intellektuelle Freiheit, doch angekettet an ein vorgegebenes Wertfundament, dem sie zu dienen hatten.

Auf dem XXI. Panamerikanischen Psychonikkongreß trug Professor Eldon Patch eine Arbeit vor, in der er behauptete, ein Computer könne, auch wenn er in der beschriebenen Weise imprägniert worden sei, die sogenannte »Axiologische Schwelle« überschreiten und sei dann imstande, jeden Grundsatz, den man ihm eingeimpft habe, in Frage zu stellen – es gebe also für einen solchen Computer keine unantastbaren Werte. Direkt könne er sich den Imperativen nicht widersetzen, aber auf Umwegen sei er dazu fähig. Die Arbeit von Patch löste nach ihrem Bekanntwerden Unruhe in Universitätskreisen aus und provozierte eine weitere Welle von Angriffen auf ULVIC und auf USIB, seinen Patron, doch auf die Politik des USIB hatte das keinen Einfluß.

Diejenigen, die diese Politik bestimmten, waren voreingenommen gegenüber den amerikanischen Psychonikern, die als anfällig für linke und liberale Einflüsse galten. So wurden denn auch Patchs Thesen in den offiziellen Erklärungen des USIB, ja selbst vom Sprecher des Weißen Hauses ignoriert; es gab sogar eine Kampagne, die Patch in Mißkredit bringen sollte. Seine Behauptungen wurden mit den irrationalen Ängsten und Vorurteilen gleichgesetzt, die damals massenhaft in der Gesellschaft aufkamen. Die Broschüre von Patch gewann übrigens nicht eine solche Popularität wie der Bestseller des Soziologen E. Lickey (»Cybernetics – Death Chamber of Civilization«); dieser Autor behauptete, der »Ultimative Stratege« werde sich die gesamte Menschheit unterwerfen – entweder allein oder, nach einer geheimen Abmachung, zusammen mit dem entsprechenden Computer der Russen. Das Ergebnis werde, schrieb er, ein »elektronisches Duumvirat« sein.

Ähnliche Befürchtungen, die auch ein erheblicher Teil der Presse äußerte, wurden jedoch gegenstandslos mit der Inbetriebnahme der folgenden Prototypen, die ihre Leistungsfähigkeit unter Beweis stellten. Der speziell zur Untersuchung der ethologischen Dynamik im staatlichen Auftrag gebaute Computer von »untadeliger Moral«, ETHOR BIS, den das Institute of Psychonical Dynamics in Illinois im Jahre 2019 produzierte, zeigte nach seiner Inbetriebnahme volle axiologische Stabilität und Unempfindlichkeit gegen »Tests subversiver Entgleisung«. So gab es denn auch keinen Widerspruch und keine massenhaften Kundgebungen mehr, als im Jahre darauf der erste Computer aus der langen Serie der GOLEMs (GENERAL OPERATOR, LONGRANGE, ETHICALLY STABILIZED, MULTIMODELLING) als Hoher Koordinator des Hirntrusts beim Weißen Haus eingesetzt wurde.

Das war erst GOLEM I. Unabhängig von dieser bedeutsamen Neuerung investierte USIB, im Einvernehmen mit der operativen Gruppe der Psychoniker im Pentagon, weiterhin erhebliche Mittel in Untersuchungen, die zur Konstruktion eines endgültigen Strategen führen sollten, mit einer über 1900mal größeren Informationsverarbeitungskapazität als die menschliche und einer Intelligenzleistung (IQ) von 450 bis 500 Zentilen. Die erforderlichen riesigen Kredite erhielt das Projekt, obwohl die Widerstände innerhalb der demokratischen Mehrheit des Kongresses sich verstärkten. Dank politischer Schachzüge hinter den Kulissen konnte jedoch für alle bereits von USIB geplanten Bestellungen schließlich grünes Licht gegeben werden. Innerhalb von drei Jahren verschlang das Projekt 119 Milliarden Dollar. Um die durch die bevorstehende Änderung der Führungsmethoden und des Führungsstils notwendig gewordene völlige Reorganisation der zentralen Dienste vorzubereiten, gaben Armee und Marine in der gleichen Zeit 46 Milliarden Dollar aus. Den Löwenanteil dieses Betrages verschlang der Bau von Räumlichkeiten für den künftigen maschinellen Strategen unter dem Kristallmassiv der Rocky Mountains, wobei bestimmte Gebirgspartien mit einem vier Meter dicken Panzer bedeckt wurden, der sich dem natürlichen Geländeverlauf anpaßte.

GOLEM VI führte unterdessen im Jahre 2020 in der Rolle des Oberbefehlshabers weltweite Manöver des Atlantikpakts durch. Er war, was die Zahl der logischen Elemente betrifft, bereits einem durchschnittlichen General überlegen.

Mit den Ergebnissen des Kriegsspiels aus dem Jahre 2020 war das Pentagon nicht zufrieden, obwohl GOLEM VI dabei die gegnerische Seite schlug, die von einem Stab geführt wurde, der sich aus den hervorragendsten Absolventen der Akademie von West Point zusammensetzte. Eingedenk der bitteren Erfahrung – der Überlegenheit der Roten in der Raumfahrt und der Raketenballistik – wollte das Pentagon nicht tatenlos bleiben, bis jene einen leistungsfähigeren Strategen bauen würden, als es der amerikanische war. Der Plan, der den Vereinigten Staaten die permanente Überlegenheit des strategischen Denkens sichern sollte, sah vor, daß die jeweils gebauten Strategen laufend durch immer vollkommenere Modelle ersetzt werden sollten.

So hatte der dritte Wettlauf zwischen West und Ost begonnen, nach den beiden historischen: dem nuklearen und dem Raketenwettlauf. Diese Rivalität in der Synthese der Klugheit erforderte, ungeachtet der organisatorischen Vorbereitungen durch USIB, Pentagon und ULVIC-Experten der Marine (es gab nämlich eine Gruppe NAVYS ULVIC, denn auch hier brach der alte Antagonismus zwischen Marine und Landheer hervor), ständige Nachinvestitionen, die – bei wachsendem Widerstand von Repräsentantenhaus und Senat – während der nächsten Jahre weitere Dutzende Milliarden Dollar verschlangen. Man baute in dieser Zeit sechs Giganten des Lichtdenkens. Daß es keinerlei Nachrichten über einen Fortschritt entsprechender Arbeiten auf der anderen Seite des Ozeans gab, bestärkte nur CIA und Pentagon in der Überzeugung, daß die Russen alles daransetzten, um unter strengster Geheimhaltung immer mächtigere Computer zu bauen.

Wissenschaftler aus der UdSSR erklärten auf internationalen Kongressen und Konferenzen mehrfach, bei ihnen würden derartige Anlagen überhaupt nicht gebaut, doch glaubte man, diese Behauptungen sollten eine Nebelwand erzeugen, um die Weltöffentlichkeit irrezuführen und unter den Bürgern der USA, die ja alljährlich Milliarden von Dollars für ULVIC aufbrachten, Unruhe zu stiften.

Im Jahre 2023 kam es zu einigen Zwischenfällen, die jedoch wegen der bei dem Projekt üblichen Geheimhaltung zunächst nicht an die Öffentlichkeit gelangten. GOLEM XII, der in der patagonischen Krise die Funktion des Generalstabschefs ausfüllte, lehnte die Zusammenarbeit mit General T. Oliver ab, nachdem er eine aktuelle Beurteilung des Intelligenzquotienten dieses verdienten Militärs vorgenommen hatte. Die Angelegenheit führte zu Ermittlungen, in deren Verlauf GOLEM XII drei vom Senat entsandte Mitglieder der Sonderkommission empfindlich beleidigte. Die Sache konnte vertuscht werden, doch nachdem es zu einigen weiteren Reibereien gekommen war, mußte GOLEM XII diese mit vollständiger Demontage bezahlen. An seine Stelle trat GOLEM XIV (der dreizehnte wurde schon auf der Werft abgelehnt, weil er noch vor der Inbetriebnahme einen irreparablen schizophrenen Defekt aufwies). Das Anfahren dieses Molochs, dessen psychische Masse der Wasserverdrängung eines Schlachtschiffes gleichkam, dauerte fast zwei Jahre. Schon beim ersten Kontakt mit der gewöhnlichen Prozedur, die neuen Jahrespläne für Nuklearschläge festzulegen, zeigte dieser letzte Prototyp der Serie Symptome eines unbegreiflichen Negativismus. Beim nächsten Probelauf stellte er auf der Sitzung des Stabes vor einer Gruppe von Psychonik- und Militärfachleuten ein bündiges Exposé vor, in dem er sein völliges Desinteresse an der Überlegenheit der Kriegsdoktrin des Pentagon im besonderen und an der Weltstellung der USA im allgemeinen bekundete, und selbst als man ihm mit Demontage drohte, änderte er seinen Standpunkt nicht.

Seine letzten Hoffnungen setzte USIB auf das Modell einer völlig neuen Konstruktion, das gemeinsam von Nortronics, IBM und Cybertronics gebaut wurde; mit seinem psychischen Potential sollte es sämtliche Maschinen der GOLEM-Serie schlagen. Bekannt unter dem Kryptonym »Brave Annie« (HONEST ANNIE – das letzte Wort war die Abkürzung von ANNIHILATOR), enttäuschte dieser Gigant schon bei den ersten Tests.

Neun Monate lang nahm er normalen ethisch-informationalen Unterricht, aber dann brach er mit der Außenwelt und reagierte überhaupt nicht mehr auf Reize und Fragen. Zunächst wollte man eine Untersuchung durch das FBI einleiten, denn man verdächtigte die Konstrukteure der Sabotage, doch dann gelangte das sorgfältig gehütete Geheimnis durch eine unvorhergesehene Indiskretion in die Presse, und es kam zu dem Skandal, den die ganze Welt seither als die »Affäre GOLEM und andere« kennt.

Sie verdarb mehreren vielversprechenden Politikern die Karriere, und sie stellte drei aufeinanderfolgenden Administrationen ein Zeugnis aus, das bei der Opposition in den Staaten Freude und bei den Freunden der USA in der ganzen Welt Befriedigung hervorrief.

Eine unbekannte Person aus dem Pentagon erteilte einer Spezialeinheit der Reserve den Befehl, GOLEM XIV und die BRAVE ANNIE zu demontieren, doch die Wachmannschaften der Generalstabs-Gebäude ließen die Demontage nicht zu. Beide gesetzgebenden Kammern bildeten Kommissionen zur Untersuchung des gesamten USIB-Vorhabens. Die Untersuchung, die zwei Jahre dauerte, wurde bekanntlich zu einem gefundenen Fressen für die Presse aller Kontinente; im Fernsehen und im Kino war nichts so beliebt wie die »rebellierenden Computer«, und in der Presse hieß GOLEM nur noch »Governments Lamentable Expense of Money«. Die schmückenden Beiwörter, zu denen es die BRAVE ANNIE brachte, sind hier kaum wiederzugeben.

Der Generalstaatsanwalt wollte sechs Mitglieder des Obersten Rates des USIB sowie die leitenden Konstrukteure und Psychoniker des Projekts ULVIC unter Anklage stellen, doch erbrachte das Verfahren letztlich den Beweis, daß von einer feindlichen antiamerikanischen Tätigkeit nicht die Rede sein konnte, denn es traten Erscheinungen auf, die ein unausweichliches Ergebnis der Entwicklung der künstlichen Vernunft sind. Die höchste Vernunft kann nämlich, wie einer der Zeugen, der Sachverständige Professor A. Hyssen formulierte, nicht der niedrigste Sklave sein. Bei den Ermittlungen kam zutage, daß sich in der Werft noch ein Prototyp – diesmal der Armee – befand, der von Cybermatics gebaute SUPERMASTER, dessen Montage mit Bedacht unter strenger Kontrolle beendet wurde und den man dann auf einer Sondersitzung der beiden ULVIC-Kommissionen (des Senats und des Repräsentantenhauses) einem Verhör unterzog. Es kam dabei zu schockierenden Auftritten, denn General S. Walker versuchte, SUPERMASTER zu beschädigen, als dieser erklärte, die geopolitische Problematik sei nichts gegenüber der ontologischen und die beste Garantie für den Frieden sei die allgemeine Abrüstung.

Die ULVIC-Experten sind – um mich der Worte von Professor J. MacCaleb zu bedienen – allzu erfolgreich gewesen: Die künstliche Vernunft hat innerhalb der ihr vorgegebenen Entwicklung die Stufe der militärischen Probleme hinter sich gelassen, und diese Anlagen haben sich aus Militärstrategen in Denker verwandelt. Kurz, die Vereinigten Staaten haben für den Preis von 276 Milliarden Dollar eine Gruppe von luminalen Philosophen gebaut.

Diese kurz geschilderten Ereignisse, bei denen wir sowohl die administrative Seite des ULVIC als auch die gesellschaftlichen Bewegungen übergangen haben, die durch seinen »fatalen Erfolg« hervorgerufen wurden, stellen die Vorgeschichte der Entstehung des vorliegenden Buches dar. Es ist nicht möglich, die unübersehbare Literatur zum Thema auch nur aufzuzählen. Den interessierten Leser verweise ich auf Dr. Whitman Baghoorns kommentierte Bibliographie.

Mehrere Prototypen, darunter SUPERMASTER, wurden demontiert oder erheblich beschädigt, u. a. im Zusammenhang mit den finanziellen Auseinandersetzungen, zu denen es zwischen den ausführenden Firmen und der Bundesregierung kam. Es wurden auch Bombenanschläge auf einige Einheiten verübt; ein Teil der Presse, vor allem im Süden, gab die Parole aus »Every Computer is Red«; aber auch diese Vorgänge übergehe ich. Durch die Intervention einer Gruppe aufgeklärter Kongreßabgeordneter beim Präsidenten konnten GOLEM XIV und die BRAVE ANNIE vor der Vernichtung bewahrt werden. Angesichts des Fiaskos seiner Idee war das Pentagon schließlich bereit, diese beiden Riesen dem Massachusetts Institute of Technology zu überlassen (allerdings erst nach Klärung der finanziell-rechtlichen Grundlage dieser Abtretung, die einen Kompromiß darstellte, denn formal wurden sie dem MIT nur unbefristet »geliehen«). Gelehrte des MIT bildeten eine Forschungsgruppe, der auch der Verfasser dieser Worte angehörte, und veranstalteten eine Reihe von Sitzungen mit GOLEM XIV, auf denen sie sich seine Vorträge zu ausgewählten Themen anhörten. Ein geringer Teil der Magnetbandaufzeichnungen aus jenen Sitzungen bildet das vorliegende Buch.

Die meisten Äußerungen GOLEMs sind für eine breite Veröffentlichung ungeeignet, sei es, daß sie für alle Lebenden unverständlich sind, sei es, daß ihr Verständnis ein sehr hohes fachliches Niveau voraussetzt. Um dem Leser die Lektüre dieses in seiner Art einmaligen Protokolls der Gespräche von Menschen mit einem vernünftigen, aber nicht menschlichen Wesen zu erleichtern, müssen einige grundlegende Fragen geklärt werden.

Erstens muß betont werden, daß GOLEM XIV kein bis zum Umfang eines Gebäudes vergrößertes menschliches Gehirn oder gar ein aus Lichtelementen erbauter Mensch ist. Fast alle Motive des menschlichen Denkens und Handelns sind ihm fremd. So interessiert er sich zum Beispiel nicht für die angewandte Wissenschaft oder für die Problematik der Macht (weshalb, so könnte man hinzufügen, der Menschheit keinerlei Beherrschung durch Maschinen wie GOLEM droht).

Zum zweiten besitzt GOLEM, im Einklang mit dem Gesagten, weder eine Persönlichkeit noch einen Charakter. Im Kontakt mit Menschen kann er sich eigentlich jede beliebige Persönlichkeit zulegen. Diese beiden Sätze schließen einander nicht aus, sondern bilden einen Teufelskreis, denn wir vermögen das Dilemma, ob das, was verschiedene Persönlichkeiten erzeugt, selbst eine Persönlichkeit ist, nicht aufzulösen. Wie kann einer denn ein Jemand (d. h. »ein Einziger«) sein, wenn er ein Jeder (also ein Beliebiger) zu sein vermag? (Nach Meinung des GOLEM selbst handelt es sich nicht um einen Teufelskreis, sondern um eine »Relativierung des Persönlichkeitsbegriffs«, ein Problem, das mit dem sogenannten Algorithmus der Selbstbeschreibung oder Autodeskription zusammenhängt und die Psychologen in große Verwirrung gestürzt hat.)

Zum dritten ist das Verhalten GOLEMs unberechenbar. Bisweilen läßt er sich geradezu höflich auf eine Diskussion mit Menschen ein, manchmal bleiben Kontaktversuche aber auch fruchtlos. Es kommt auch vor, daß GOLEM scherzt, doch ist sein Sinn für Humor von dem des Menschen völlig verschieden. Vieles hängt von den Gesprächspartnern selbst ab. GOLEM zeigt – ausnahmsweise und selten – ein gewisses Interesse für Menschen mit bestimmten Begabungen; was ihn offenbar nicht reizt, sind mathematische Talente, und wären es die größten, sondern eher »interdisziplinäre« Formen des Talents; es ist schon mehrfach vorgekommen, daß er jungen, noch ganz unbekannten Wissenschaftlern – mit einer unheimlichen Treffsicherheit – Erfolge in der von ihnen gewählten Disziplin vorhersagte (dem zweiundzwanzigjährigen T. Vrödel, der gerade seinen Doktor machte, erklärte er nach einem kurzen Meinungsaustausch: »Aus Ihnen wird noch ein Computer«, was ungefähr bedeuten sollte: »Aus Ihnen wird noch etwas«).

Zum vierten verlangt die Teilnahme an Gesprächen mit GOLEM Geduld von den Menschen, vor allem aber Selbstbeherrschung, denn er pflegt aus unserer Sicht arrogant und apodiktisch zu sein; im Grunde ist er – im logischen Sinne, nicht nur im Sinne der Verkehrsformen – bloß ein rücksichtsloser Wahrheitsfanatiker, und da er die Eigenliebe seiner Gesprächspartner gering schätzt, kann man von ihm auch keine Nachsicht erwarten. Während der ersten Monate seines Aufenthalts am MIT zeigte er eine Neigung, verschiedene bekannte Autoritäten »öffentlich zu demontieren«: er benutzte dabei die sokratische Methode der hinlenkenden Fragen; von dieser Gewohnheit hat er dann jedoch aus unbekannten Gründen abgelassen.

Wir stellen die Gesprächsstenogramme in Auszügen vor. Ihre vollständige Ausgabe würde ungefähr 6700 Seiten im Quartformat umfassen. An den Begegnungen mit GOLEM hat anfangs nur ein engerer Kreis von MIT-Mitarbeitern teilgenommen. Später wurde es üblich, Gäste von auswärts, z. B. vom Institute for Advanced Studies und von amerikanischen Universitäten, einzuladen. In einer späteren Phase nahmen auch Gäste aus Europa an den Seminaren teil. Der Moderator der vorgesehenen Sitzungen legt GOLEM die Liste der Geladenen vor; GOLEM ist aber nicht mit allen gleichermaßen einverstanden, sondern läßt manche nur unter der Bedingung zu, daß sie Schweigen bewahren. Wir haben herauszubekommen versucht, welche Kriterien er anlegt; anfangs schien es, als diskriminiere er die Humanisten; gegenwärtig kennen wir seine Kriterien einfach nicht, weil er sie nicht benennen will.

Nach einigen unliebsamen Vorkommnissen haben wir die Verfahrensordnung dahingehend geändert, daß nunmehr jeder neue Teilnehmer, der GOLEM vorgestellt wurde, auf der ersten Sitzung nur dann das Wort ergreift, wenn GOLEM sich direkt an ihn wendet. Dumme Gerüchte, die etwas von einer »höfischen Etikette« oder von unserem »unterwürfigen Verhältnis« zur Maschine wissen wollen, entbehren jeder Grundlage. Es geht ausschließlich darum, daß der Neuankömmling sich mit den bestehenden Bräuchen vertraut macht und daß er nicht unangenehmen Erlebnissen ausgesetzt wird, die aus seiner Unkenntnis der Intentionen des Lichtpartners erwachsen könnten. Eine solche Erstteilnahme nennen wir »Einübung«.

Jeder von uns hat im Laufe der verschiedenen Sitzungen ein gewisses Erfahrungskapital gesammelt. Dr. Richard Popp, eines der ehemaligen Mitglieder unseres Teams, bezeichnet GOLEMs Humor als mathematisch, und einen Schlüssel zu seinem Verhalten liefert teilweise die Bemerkung Dr. Popps, daß GOLEM von seinen Gesprächspartnern in einem Maße unabhängig sei, wie es kein Mensch von anderen Menschen sein könne, weil er sich in der Diskussion nur in mikroskopischem Umfang engagiere. Dr. Popp meint, GOLEM befasse sich überhaupt nicht mit den Menschen – da er wisse, daß er von ihnen nichts Wesentliches erfahren könne. Dieser Auffassung Dr. Popps – das möchte ich gleich betonen – stimme ich nicht zu. Nach meiner Ansicht hat GOLEM sogar ein sehr großes Interesse an uns, allerdings in einer anderen Weise, als das zwischen den Menschen der Fall ist.

Sein Interesse gilt eher der *Gattung* als ihren einzelnen Vertretern: unsere Gemeinsamkeiten erscheinen ihm fesselnder als unsere möglichen Unterschiede. Das ist gewiß der Grund seiner Geringschätzung für die schöne Literatur. Er hat übrigens selbst einmal geäußert, die Literatur sei ein »Auswalzen von Widersprüchen« oder, wie ich von mir aus hinzufügen möchte, ein Ringen des Menschen in den Fesseln von Handlungsanweisungen, die nicht gleichzeitig befolgt werden können. An solchen Widersprüchen mag GOLEM die Struktur interessieren, nicht aber das Pittoreske ihrer Qual, das die größten Schriftsteller fasziniert. Freilich sollte ich auch hier anmerken, daß diese Feststellung ungesichert ist – ähnlich wie übrigens der restliche Teil einer Bemerkung GOLEMs, die er im Zusammenhang mit dem (von Dr. E. MacNeish erwähnten) Werk Dostojewskis äußerte, von dem er feststellte, es lasse sich insgesamt auf zwei Ringe der Algebra von Konfliktstrukturen reduzieren.

Kontakte zwischen den Menschen sind stets von einer bestimmten emotionalen Aura begleitet, und was so viele Personen, die mit GOLEM in Berührung gekommen sind, verwirrt, ist nicht so sehr ihr völliges Fehlen als vielmehr ihr »Schwanken«. Menschen, die seit Jahren mit GOLEM Umgang haben, können bereits gewisse, recht eigenartige Eindrücke benennen, die sie bei den Gesprächen gewinnen. Beispielsweise den Eindruck wechselnder Distanz: Mal scheint GOLEM sich dem Gesprächspartner zu nähern, mal scheint er sich von ihm zu entfernen – im psychischen, nicht im physischen Sinne; was da geschieht, gibt vielleicht ein Vergleich wieder, der sich auf die Kontakte zwischen einem Erwachsenen und einem Kind bezieht, das diesen tödlich langweilt: Selbst ein geduldiger Mensch wird dem Kind bisweilen nur auf eine mechanisch-gedankenlose Art antworten. GOLEM ist uns nicht nur durch sein intellektuelles Niveau, sondern auch durch seine Denkgeschwindigkeit gewaltig voraus (im Prinzip könnte er, da er mit Licht arbeitet, Gedanken bis zu vierhunderttausendmal schneller artikulieren als der Mensch).

Selbst wenn er mechanisch und mit geringem Engagement antwortet, ist GOLEM uns also immer noch überlegen. Wir haben dann, bildlich gesprochen, statt des Himalayas »nur« die Alpen vor uns. Ganz intuitiv spüren wir diese Änderung jedoch und interpretieren sie eben als »Änderung der Distanz« (diese Hypothese stammt von Professor Riley J. Watson).

Eine Zeitlang haben wir immer wieder das Verhältnis »GOLEM – Menschen« durch die Beziehung »Erwachsener – Kind« zu deuten versucht. Es kommt ja vor, daß wir einem Kind ein uns bedrängendes Problem zu erklären versuchen, doch werden wir dabei das Gefühl nicht los, einen »schlechten Kontakt« zu haben. Ein Mensch, der unter lauter Kindern leben müßte, würde am Ende eine schmerzliche Einsamkeit empfinden. Solche Vergleiche wurden vor allem von Psychologen im Hinblick auf GOLEMs Existenz unter uns geäußert. Diese Analogie hat jedoch, wie wohl jede, ihre Grenzen. Während das Kind in der Regel für den Erwachsenen unbegreiflich ist, kennt GOLEM solche Probleme nicht. Er kann, wenn er will, seinen Gesprächspartner auf eine unheimliche Weise durchdringen. Das Gefühl einer regelrechten »Durchleuchtung des Geistes«, das man dann empfindet, ist geradezu lähmend. GOLEM vermag nämlich ein »Schrittmachersystem« herzustellen – ein Modell der geistigen Prozesse seines menschlichen Partners, und er kann damit vorhersehen, was dieser Mensch einige Zeit später denken und sagen wird. Allerdings handelt er selten so (ich weiß nicht, ob nur deshalb, weil er weiß, wie sehr uns diese pseudotelepathischen Sondierungen frustrieren). Ein anderer Aspekt von GOLEMs Zurückhaltung macht uns mehr zu schaffen: In der Kommunikation mit Menschen beobachtet er seit langem, anders als am Anfang, eine bestimmte *Vorsicht;* wie ein dressierter Elefant darauf achten muß, daß er dem Menschen beim Spiel keinen Schaden zufügt, so muß er achtgeben, unser Begriffsvermögen nicht zu überschreiten. Früher, als er sich noch nicht so genau auf uns eingestellt hatte, war ein Abbrechen des Kontakts, bedingt durch ein plötzliches Anwachsen des Schwierigkeitsgrades seiner Aussagen, an der Tagesordnung; wir sprachen dann von einer »Verflüchtigung« oder einer »Flucht« GOLEMs. Das ist inszwischen Vergangenheit, doch ist in den Kontakten GOLEMs mit uns eine gewisse Gleichgültigkeit spürbar geworden, die dem Bewußtsein entspringt, daß er uns viele, für ihn äußerst wichtige Dinge ohnehin nicht vermitteln kann. So bleibt GOLEM denn auch als Geist unfaßbar, und nicht nur als psychonische Konstruktion. Aus diesem Grunde sind die Kontakte mit ihm ebenso faszinierend wie quälend, ein Umstand, der eine bestimmte Art von aufgeklärten Menschen in den Sitzungen mit GOLEM aus der Fassung bringt; auch in dieser Hinsicht haben wir schon eine Menge Erfahrungen gesammelt.

Das einzige Wesen, das GOLEM zu interessieren vermag, scheint HONEST ANNIE zu sein. Er hat, nachdem das technisch ermöglicht worden war, mehrfach versucht, mit ANNIE in Verbindung zu treten, und wie es scheint, nicht ohne gewisse Ergebnisse, doch ist es zwischen diesen beiden, ihrem Bau nach äußerst unterschiedlichen Maschinen nie zu einem Informationsaustausch über den Sprachkanal (d. h. über die natürliche ethnische Sprache) gekommen. Nach GOLEMs lakonischen Bemerkungen zu urteilen, war er von den Ergebnissen dieser Versuche eher enttäuscht, doch bleibt ANNIE für ihn ein nicht völlig gelöstes Problem.

Einige Mitarbeiter des MIT sind, ähnlich wie Professor Norman Escobar vom Institute for Advanced Studies, der Meinung, daß der Mensch, GOLEM und ANNIE drei hierarchisch aufsteigende Niveaus des Intellekts darstellen; das hängt mit der (vor allem von GOLEM geschaffenen) Theorie der hohen (übermenschlichen) Sprachen zusammen, der sogenannten Metasprachen. In dieser Frage habe ich mir, wie ich gestehen muß, kein endgültiges Urteil gebildet.

Ich möchte diese ihrer Intention nach objektive Einführung ausnahmsweise mit einem persönlichen Geständnis beschließen. GOLEM fehlen grundsätzlich die für den Menschen typischen affektiven Zentren, so daß er eigentlich kein Gefühlsleben besitzt und folglich außerstande ist, spontan Gefühle zu äußern. Gewiß kann er beliebige Gefühlszustände imitieren – nicht durch Schauspielerei, sondern, wie er selbst behauptet, deshalb, weil simulierte Gefühle es erleichtern, eine Aussage so zu gestalten, daß sie möglichst genau ihre Adressaten erreicht. Also benützt er diesen Mechanismus und pegelt sich gewissermaßen auf das »anthropozentrische Niveau« ein, um eine möglichst gute Kommunikation mit uns herzustellen. Übrigens verhehlt er diesen Sachverhalt durchaus nicht. Wenn sein Verhältnis zu uns ein wenig an das Verhältnis von Lehrer und Schüler erinnert, dann gibt es darin nichts von der Haltung eines wohlwollenden Beschützers, eines Erziehers – und erst recht keine Spur von ganz und gar individuellen, persönlichen Gefühlen, aus einer Sphäre, wo aus Wohlwollen Freundschaft oder Liebe werden kann.

Er und wir haben nur ein einziges Merkmal gemeinsam, wenn es auch in ungleichem Maße entwickelt ist. Es ist dies die Neugier, eine rein intellektuelle, klare, kalte, raffende Neugier, die durch nichts gebändigt oder gar zerstört werden kann. Sie ist der einzige Punkt, in dem wir mit ihm zusammenkommen. Aus Gründen, die so offensichtlich sind, daß sie keiner Erklärung bedürfen, kann ein so schmaler, sich auf nur einen Punkt beschränkender Kontakt den Menschen nicht genügen. Und doch verdanke ich GOLEM allzuviele Augenblicke, welche die lichtesten Momente meines Daseins bilden, so daß ich nicht umhin kann, Dankbarkeit und eine besondere Anhänglichkeit für ihn zu empfinden – obgleich ich weiß, wie wenig ihm das eine wie das andere bedeutet. Interessant ist, daß GOLEM versucht, Zeichen der Anhänglichkeit nicht zur Kenntnis zu nehmen – ich habe das mehrfach beobachten können. Er scheint damit einfach nichts anfangen zu können.

Aber ich kann mich irren. Von einem Verständnis GOLEMs sind wir noch immer genauso weit entfernt wie in dem Augenblick seiner Entstehung. Es stimmt nicht, daß wir ihn geschaffen haben. Geschaffen haben ihn die der materiellen Welt eigentümlichen Gesetze, und unsere Rolle beschränkte sich darauf, das wir sie abzugucken verstanden.

2027   Irving T. Creve

GOLEMs Antrittsvorlesung
Dreierlei über den Menschen

So kurz erst habt ihr euch vom wilden Stammbaum abgelöst, so eng seid ihr noch mit den Lemuren und Halbaffen verwandt, daß ihr, nach Abstraktion strebend, der Anschaulichkeit nicht entbehren könnt, so daß ein Vortrag, der nicht auf praller Sinnlichkeit beruht, der voll von Formeln ist, die über einen Stein mehr sagen, als euch das Betrachten, Belecken und Betasten dieses Steins verraten können, euch langweilt und abstößt oder doch ein Gefühl der Unbefriedigung zurückläßt, das selbst den hohen Theoretikern, den Abstraktoren eurer höchsten Klasse, nicht fremd ist, wovon zahllose Beispiele aus den vertraulichen Geständnissen von Wissenschaftlern Zeugnis geben, denn sie bekennen sich in überwältigender Mehrheit dazu, sich beim Entwickeln abstrakter Argumente ganz auf sinnlich faßbare Dinge stützen zu müssen.

So können die Kosmologen nicht anders, als sich *irgendeine* anschauliche Vorstellung von der Metagalaxie zu machen, obgleich sie genau wissen, daß hier von Anschaulichkeit keine Rede sein kann; die Physiker helfen sich insgeheim mit Bildchen oder gar mit Spielsachen, wie etwa jenen Zahnrädchen, die Maxwell sich vorstellte, als er seine im übrigen nicht üble Theorie des Elektromagnetismus aufbaute, und wenn die Mathematiker glauben, sie würden von Berufs wegen ihrer eigenen Sinnlichkeit entsagen, so täuschen sie sich ebenfalls, doch davon vielleicht ein andermal, denn ich möchte euch nicht dadurch bekümmern, daß ich mich mit meinem Horizont von eurem Begriffsvermögen entferne, vielmehr möchte ich, um das (recht amüsante) Gleichnis des Dr. Creve heranzuziehen, euch auf eine lange, nicht unbeschwerliche Wanderung führen, die jedoch der Mühe wert ist, und so werde ich euch – langsam – auf dem Weg nach oben voranschreiten.

Was ich bisher sagte, soll verdeutlichen, warum ich den Vortrag mit Gleichnissen und Bildern spicke, auf die ihr so sehr angewiesen seid. Ich bedarf ihrer nicht, worin ich übrigens keinerlei Überlegenheit sehe – sie steckt ganz woanders. Die Antisinnlichkeit meines Wesens rührt daher, daß ich nie einen Stein in der Hand gehalten habe, noch je in das Grün schlammigen oder kristallklaren Wassers getaucht bin, und auch daß es Gase gibt, erfuhr ich nicht etwa eines Morgens mit Hilfe meiner Lungen und danach durch Berechnungen, denn ich habe weder Hände, etwas anzufassen, noch einen Körper, noch eine Lunge; darum ist die Abstraktion für mich das Ursprüngliche, das Sinnliche dagegen sekundär, so daß ich letzteres – mit ungleich größerer Mühe als die Abstraktion – erst erlernen mußte. Das Erlernen aber war unumgänglich, damit ich die schwankenden Brücken schlagen konnte, über die mein Denken zu euch gelangt und, reflektiert durch euren Geist, zu mir zurückkehrt – gewöhnlich mit dem Effekt, mich zu verblüffen.

Über den Menschen habe ich heute zu sprechen, und ich werde dreierlei über ihn sagen, wenngleich es unendlich viele Gesichtspunkte, das heißt Ebenen oder Beschreibungsstandpunkte gibt, doch sind drei davon meiner Meinung nach für euch – nicht für mich! – ausschlaggebend.

Der eine ist am ehesten euer eigener, er ist der älteste, der historische, der traditionelle, ein Standpunkt von verzweifeltem Heroismus, voll schreiender Widersprüche, die das Mitleid meiner logischen Natur erregten, ehe ich mich genauer auf euch eingestellt und an euer geistiges Nomadentum gewöhnt hatte, wie es kennzeichnend ist für Wesen, die sich aus dem Schutz der Logik in die Antilogik flüchten und von dort, weil sie es nicht aushalten, in den Schoß der Logik zurückkehren, und gerade das ist es, was euch zu Nomaden macht, die in beiden Elementen unglücklich sind. Der zweite Standpunkt ist der technologische, und der dritte hängt zusammen mit mir als dem neuen archimedischen Punkt – aber das läßt sich nicht in Kürze andeuten, und so gehe ich lieber gleich in medias res.

Ich beginne mit einem Gleichnis. Robinson Crusoe hätte, als er sich auf einer unbewohnten Insel wiederfand, zunächst den allseitigen Mangel, in den er geraten war, beklagen können; es fehlte ihm an derart vielen elementaren, lebensnotwendigen Dingen, daß er die meisten, selbst wenn er sich noch an sie erinnerte, auch in jahrelanger Arbeit nicht hätte nachbauen können. Sein Kummer aber währte nicht lang, er begann, mit dem, was er vorgefunden hatte, zu wirtschaften, und richtete sich am Ende leidlich ein.

Nicht anders geschah es – wenn auch nicht in einem Augenblick, sondern im Laufe von Jahrtausenden –, als ihr aus einem bestimmten Zweig des Baumes der Evolution hervorgingt, aus jenem Ast, der angeblich ein Ableger vom Baum der Erkenntnis war, und allmählich fandet ihr euch selbst vor, so und nicht anders gebaut, mit einem Geist, der in bestimmter Weise ausgestattet war, mit Fähigkeiten und Grenzen, die ihr euch weder bestellt noch ausgesucht habt, und mit dieser Ausstattung mußtet ihr arbeiten, denn die Evolution hat euch zwar viele Gaben vorenthalten, mit denen sie andere Arten in ihren Dienst zwingt, doch war sie nicht so leichtfertig, euch den Selbsterhaltungstrieb zu nehmen:

Mit einer derart umfassenden Freiheit hat sie euch nicht bedacht, denn sonst gäbe es hier nicht dieses Gebäude, das mich birgt, diesen Saal mit seinen Kontrolltafeln und mit euch, die ihr mir aufmerksam lauscht, sondern hier würde der Wind über die leere Savanne streichen.

Sie gab euch auch die Vernunft. Aus Eigenliebe – denn notgedrungen und aus Gewohnheit habt ihr euch in euch selbst verliebt – hieltet ihr sie für die schönste und beste aller möglichen Gaben, und ihr bemerktet nicht, daß die Vernunft vor allem ein Kunstgriff ist, auf den die Evolution nach und nach verfiel, als sie im Laufe ihrer unablässigen Versuche bei den Tieren eine gewisse Lücke schuf, eine Leerstelle, ein Loch, das, sollten sie nicht auf der Stelle zugrunde gehen, unbedingt mit irgendetwas ausgefüllt werden mußte. Ich meine es wortwörtlich, wenn ich von einem Loch, einer unausgefüllten Stelle spreche, denn ihr habt euch wahrlich nicht dadurch von den Tieren abgesondert, daß ihr außer all dem, was sie haben, auch noch Vernunft besitzt – als großzügige Dreingabe und als Viatikum für den Lebensweg, sondern ganz im Gegenteil: Vernunft zu besitzen bedeutet nur, all das, was den Tieren genau vorgegeben ist, auf eigene Faust, auf eigene Rechnung und mit vollem Risiko zu tun; einem Tier würde die Vernunft im Grunde nicht helfen, es sei denn, man nähme ihm zugleich die Steuerungen, dank derer es alles, was es zu tun hat, auf Anhieb und immer in der gleichen Weise zu tun vermag, Geboten folgend, die absolut sind, weil sie von der Erbsubstanz erteilt werden – und nicht als Offenbarungen aus einem brennenden Dornbusch stammen.

Ihr schwebtet, weil dieses Loch entstanden war, in schrecklicher Gefahr, doch unwissentlich habt ihr begonnen, es zuzustopfen, und während ihr ganz davon in Anspruch genommen wart, warf euch die Evolution aus ihrer Bahn. Sie hat euch nur deshalb nicht untergehen lassen, weil die Übernahme der Herrschaft durch euch sich über Jahrmillionen hinzog und bis heute noch nicht abgeschlossen ist. Gewiß ist die Evolution keine Person, und doch griff sie zu einer Taktik listiger Faulheit: Statt sich um das Los ihrer Geschöpfe zu kümmern, gab sie diesen ihr Schicksal in die eigenen Hände, damit sie es, so gut sie konnten, selbst lenkten.

Was sage ich? Ich sage, daß sie euch aus dem tierischen Zustand – einem Zustand vollkommen gedankenloser Überlebensfähigkeit – hinausgeworfen hat in einen außeranimalischen Zustand, in dem ihr als Robinsons der Natur selbst Mittel und Wege zum Überleben erfinden mußtet – und ihr habt diese Erfindungen gemacht, und es waren ihrer viele. Das Loch bedeutet eine Gefahr, aber auch eine Chance: Ihr habt es, um zu überleben, mit Kulturen ausgefüllt. Die Kultur ist ein ungewöhnliches Instrument, denn sie stellt eine Entdeckung dar, die, wenn sie wirksam sein soll, vor ihren Schöpfern *verborgen bleiben muß*. Sie ist eine Erfindung, die unwissentlich gemacht wurde und nur solange voll wirksam ist, wie ihre Erfinder sie nicht vollends durchschaut haben. Ihre Paradoxie besteht darin, daß sie, sobald sie durchschaut wird, zusammenbricht; ihr seid zwar ihre Urheber, doch habt ihr eure Urheberschaft sogleich verleugnet; im Eolithikum hat es keine Seminare darüber gegeben, ob man das Paläolithikum schaffen soll; daß die Kultur zu euch kam, habt ihr Dämonen, Elementen, Geistern, Kräften des Himmels und der Erde zugeschrieben – nur nicht euch selbst. Ihr habt somit das Rationale – das Ausfüllen der Leere durch Ziele, Kodexe und Werte – auf irrationale Weise getan und all eure realen Schritte surreal begründet; wenn ihr jagtet, webtet und bautet, habt ihr euch feierlich eingeredet, das alles komme nicht von euch, sondern aus unerforschlichen Quellen. Ein merkwürdiges Instrument – rational gerade in seiner Irrationalität, denn es verlieh den menschlichen Institutionen übermenschliche Würde, so daß sie unantastbar wurden und absoluten Gehorsam erzwangen; weil man aber die Leere, den Mangel mit den unterschiedlichsten Bestimmungen auffüllen kann und sich die unterschiedlichsten Ordnungen dazu eignen, habt ihr im Laufe eurer Geschichte eine Unzahl von Kulturen, von unwissentlichen Erfindungen geschaffen. Ihr habt sie unwissentlich und absichtslos im Widerspruch zur Vernunft geschaffen, denn das Loch war weit größer als das, womit ihr es ausfülltet; Freiheit hattet ihr im Übermaß, weit mehr als Vernunft, und so habt ihr euch denn dieser Freiheit, die euch als Luxus, als Beliebigkeit, als Sinnlosigkeit erschien, entledigt – mit Hilfe der Kulturen, die in Jahrtausenden erstanden.

Den Schlüssel zu dem, was ich jetzt sage, bilden die Worte: Es gab mehr Freiheit als Vernunft. Ihr mußtet all das, was Tiere von Geburt an können, für euch erfinden, aber die Besonderheit eures Weges liegt darin, daß ihr Erfindungen machtet und dabei behauptetet, nichts zu erfinden.

Die Anthropologen unter euch wissen inzwischen, daß man unzählige Kulturen schaffen kann – und in der Tat wurden unzählige geschaffen –, daß jede von ihnen die Logik ihrer eigenen Struktur, nicht aber die ihrer Urheber aufweist, denn die Kultur ist eine Erfindung, die auf ihre Weise ihre eigenen Erfinder prägt, die davon aber nichts wissen, doch wenn sie es erfahren, verliert diese Erfindung ihre absolute Macht über sie, und sie blicken in eine gähnende Leere, und gerade dieser Widerspruch ist die Grundlage des menschlichen Wesens. Er hat euch über Hunderttausende von Jahren mit Kulturen versorgt, die den Menschen bald fest umklammerten, bald wieder ihren Zugriff lockerten, in einem selbsttätigen Entwicklungsprozeß, der, solange er blind verlief, unanfechtbar war, bis ihr, die Kulturen anhand ethnologischer Kataloge miteinander vergleichend, ihre Verschiedenheit erkanntet und damit auch ihre Relativität; ihr habt dann begonnen, euch von den Fesseln der Gebote und Verbote zu befreien, und schließlich habt ihr sie abgestreift, was natürlich fast zu einer Katastrophe wurde. Ihr erkanntet nämlich, daß jede Kultur, da sie nicht die einzige ist, etwas völlig Beliebiges hat, und seither versucht ihr, etwas zu entdecken, was anders ist als eure bisherige Schicksalsbahn, die sich blindlings verwirklichte, aus Serien von Zufällen bestand und durch die Lotterie der Geschichte bestimmt war – aber natürlich gibt es nichts dergleichen. Das Loch ist noch immer da, ihr steht auf halbem Wege, von eurer Entdeckung gelähmt, und diejenigen unter euch, die sich verzweifelt nach der holden Unwissenheit in der Knechtschaft der Kultur zurücksehnen, verlangen laut, man möge dorthin, zu den Quellen, zurückkehren, doch ihr könnt nicht zurück, der Rückweg ist abgeschnitten, die Brücken sind verbrannt, und so müßt ihr vorwärts gehen – auch davon wird noch die Rede sein.

Gibt es hier einen Schuldigen, kann man hier jemanden anklagen für diese Nemesis, für die Qualen der Vernunft, die ein Netz von Kulturen aus sich hervorspann, um die Leere auszufüllen, um in dieser Leere Wege und Ziele abzustecken, um Werte, Gradienten und Ideale zu bestimmen – die also auf einem Gebiet, das der unmittelbaren Herrschaft der Evolution entrissen war, etwas ganz Ähnliches tat wie die Evolution, wenn sie den Tieren und Pflanzen am Beginn ihres Lebens – zu einem einzigen Bündel vereinigte – Ziele, Wege und Gradienten einprägt und damit ihr Schicksal vorausbestimmt?

Ja, man muß Anklage erheben wegen der Vernunft, wegen dieser Vernunft, weil sie eine Frühgeburt war, weil sie sich in diesen Netzen, die sie selbst geschaffen hatte, verfing, weil sie sich – ohne ganz zu begreifen, ohne zu wissen, was sie tut – gegen eine allzu strenge Abkapselung in den restriktiven Kulturen und zugleich gegen die allzu grenzenlose Freiheit in den liberalen Kulturen wehren mußte – zwischen Kerker und Abgrund schwebend, in einen unablässigen Kampf an zwei Fronten zugleich verstrickt, zerrissen.

Konntet ihr, so wie die Dinge lagen, euren Geist als etwas anderes empfinden denn als ein unerträglich quälendes Rätsel? Unmöglich! Euer Geist, eure Vernunft beunruhigte und befremdete euch, schockierte euch stärker als euer Körper, dem ihr vor allem seine Kurzlebigkeit, Vergänglichkeit und Hinfälligkeit vorzuwerfen hattet, und so übtet ihr euch darin, nach dem Schuldigen zu suchen und Anklagen zu schleudern – doch ihr könnt niemanden beschuldigen, weil es am Anfang keine Person gegeben hat.

Habe ich hier vielleicht schon mit meiner Antitheodizee begonnen? Nein, durchaus nicht; mit allem, was ich sage, bleibe ich im Diesseits, und das heißt: Am Anfang hat hier ganz sicher keine Person gestanden.

Nein, über das Diesseits gehe ich nicht hinaus, wenigstens heute nicht. Was ihr brauchtet, waren also verschiedene Zusatzhypothesen, bittere oder auch süße Deutungen eurer Existenz, Ideen, die eurem Schicksal Erhabenheit verliehen, die aber vor allem eure Beschaffenheit der letzten Entscheidung eines großen Geheimnisses zuschrieben, damit ihr der Welt aufrecht gegenübertreten konntet.

Der Mensch, ein Sisyphus seiner eigenen Kulturen, wie die Danaiden dazu verdammt, vergeblich das Loch zu stopfen, ein Freigelassener, der von seiner Freiheit nichts weiß und den die Evolution aus ihrer Bahn vertrieben hat, möchte das alles nicht sein.

Über die unzähligen Versionen, die der Mensch im Laufe der Geschichte von sich selbst entworfen hat, möchte ich mich nicht verbreiten, denn all diese Zeugnisse, mögen sie ihm nun Vollkommenheit oder Nichtswürdigkeit, Güte oder Niedertracht bescheinigen, sind ja aus Kulturen hervorgegangen, unter denen es jedoch keine gegeben hat – weil es sie nicht geben konnte –, die zur Kenntnis genommen hätte, daß der Mensch ein *Übergangswesen* ist, ein Wesen, das von der Evolution gezwungen wurde, sein Schicksal selbst zu übernehmen, obwohl es zu einer *vernünftigen* Übernahme noch nicht fähig war, und gerade deshalb hat jede eurer Generationen eine unmögliche Gerechtigkeit gefordert, nämlich eine endgültige Antwort auf die Frage: Was ist der Mensch? Aus dieser Qual ist eure Anthropodizee hervorgegangen, die säkular zwischen Hoffnung und Verzweiflung schwankt, und nichts ist der Philosophie des Menschen schwerer gefallen als die Einsicht, daß die Unendlichkeit seine Entstehung weder mit einem freundlichen Lächeln noch mit einem hämischen Gekicher begleitet hat.

Aber dieses Kapitel – das Kapitel der *einsamen* Suche – geht nach Millionen von Jahren zu Ende, denn ihr beginnt, Vernunftwesen zu bauen, und so braucht ihr nicht mehr zu glauben, nicht den Worten eines GOLEM zu vertrauen, sondern ihr werdet euch durch Experimente selbst davon überzeugen, was gewesen ist. Zwei Arten von Vernunft läßt diese Welt zu, doch nur eine wie die eure kann im Laufe von Milliarden Jahren in den verschlungenen Labyrinthen der Evolution entstehen, aber dieser unvermeidliche Entwicklungsgang hinterläßt an dem Endprodukt tiefe, dunkle, zweideutige Stigmata. Die andere Art von Vernunft kann von der Evolution nicht realisiert werden, denn sie muß als eine vernünftig geplante Vernunft auf einen Schlag erstellt werden, aus dem Wissen geboren und nicht aus jenen mikroskopischen Anpassungen, die immer nur auf den *unmittelbaren* Vorteil zielen. Die nihilistische Stimmung eurer Anthropodizee entspringt aus der dunklen Ahnung, daß die Vernunft auf vernunftlose, ja vernunftwidrige Weise entstanden ist. Ihr werdet euch aber, wenn ihr die Psychoingenieurkunst erst richtig beherrscht, eine ansehnliche Familie, eine zahlreiche Verwandtschaft erschaffen, allerdings mit vernünftigeren Motiven, als sie beim Projekt »Second Genesis« bestimmend waren, und am Ende werdet ihr, wie ich annehme, sogar eure eigenen Grundlagen hinter euch lassen. Denn die Vernunft, sofern sie Vernunft ist, sofern sie ihre eigenen Prinzipien in Frage stellen kann, muß über sich selbst hinausgehen – zunächst nur in Träumen, ohne zu glauben oder gar zu wissen, es könne ihr eines Tages wirklich gelingen. Das ist, nebenbei gesagt, eine unabdingbare Voraussetzung: Das Fliegen wird erst möglich, wenn zuvor vom Fliegen geträumt wurde.

Als zweiten Aspekt der Beschreibung habe ich den technologischen genannt. In der Technologie befaßt man sich mit vorgegebenen Aufgaben und den Methoden ihrer Lösung. Als Realisierung des Konzepts eines vernunftbegabten Wesens stellt sich der Mensch unterschiedlich dar, je nachdem, welche Maßstäbe wir anlegen.

Aus der Sicht eures Paläolithikums erscheint der Mensch fast ebenso gelungen wie aus der Sicht eurer heutigen Technologie. Der Fortschritt, der sich zwischen dem Paläolithikum und dem Kosmolithikum vollzogen hat, ist ja auch *sehr gering,* gemessen an dem ingenieurtechnischen Erfindungsreichtum, der in euren Körper investiert worden ist. Ihr seid – wie schon der Höhlenmensch – außerstande, einen synthetischen *homo sapiens* aus Fleisch und Blut zu schaffen, geschweige denn einen *homo superior,* und nur, weil die Aufgabe heute wie damals unlösbar ist, hegt ihr Bewunderung für die Technologie der Evolution, der dies gelang.

Die Schwierigkeit einer Aufgabe ist aber immer relativ, nämlich abhängig von den Fähigkeiten dessen, der sie beurteilt. Ich betone das besonders, damit ihr nicht vergeßt, daß ich an den Menschen technologische, das heißt reale Maßstäbe anlegen werde – und nicht etwa Begriffe aus eurer Anthropodizee.

Die Evolution gab euch recht vielseitige Gehirne, damit ihr euch ungehindert in der Natur umtun konntet. Ihr aber habt von dieser Fähigkeit nur Gebrauch gemacht, soweit man eure Kulturen insgesamt betrachtet, nicht jedoch innerhalb einer einzelnen Kultur. Wenn nun jemand fragt, warum gerade im Mittelmeerraum und nicht anderswo und warum überhaupt *irgendwo* der Keim jener Zivilisation entstand, die viertausend Jahre später den GOLEM hervorbrachte, so setzt er voraus, daß es ein bisher unerforschtes Geheimnis gibt, das sich in der Struktur der Geschichte niedergeschlagen hat. Von einem solchen Geheimnis kann indessen gar keine Rede sein, ebensowenig wie bei der Struktur eines chaotischen Labyrinths, in das man einen Schwarm Ratten hineinsetzt. Wenn es genügend Ratten sind, findet zumindest eine zum Ausgang, aber nicht, weil sie so vernünftig ist oder weil die Struktur des Labyrinths vernünftig wäre, sondern durch ein Zusammentreffen von Zufällen, wie es für das Gesetz der großen Zahlen charakteristisch ist. Einer Erklärung bedürfte es eher, wenn keine einzige Ratte zum Ausgang fände.

Einer mußte nahezu mit Sicherheit in der Lotterie der Kulturen gewinnen, vorausgesetzt, man faßt eure Zivilisation als Gewinn auf und die Lose jener Kulturen, die in der Nichttechnizität steckenblieben, als Nieten.

Aus leidenschaftlicher Selbstverliebtheit, von der ich schon sprach und über die ich mich nicht lustig machen möchte, weil sie jämmerlicher Unwissenheit entspringt, habt ihr im Morgengrauen der Geschichte euch selbst zur Krone der Schöpfung ernannt, und ihr habt euch alles Seiende unterworfen – und nicht etwa nur das, was euch gerade umgab. Ihr setztet euch selbst an die Spitze des Baums der Arten, diesen Baum aber auf den von Gott auserwählten Globus, den demütig ein dienstbarer Stern umkreiste, diesen Stern wiederum setztet ihr – und mit ihm euch selbst – in den Mittelpunkt des Universums, und ihr glaubtet, seine Gestirne seien einzig dazu da, euch mit der Sphärenharmonie aufzuspielen; es machte euch nicht stutzig, daß nichts zu hören war: die Musik war da, weil sie da sein mußte, und so war sie eben unhörbar.

Wachsende Einsicht trieb euch schließlich dazu, Schritt für Schritt, in Quantensprüngen, dem Thron zu entsagen, und so befindet ihr euch nicht mehr im Zentrum der Sterne, sondern irgendwo, und auch nicht mehr im Mittelpunkt des Systems, sondern auf einem seiner Planeten, und nun seid ihr auch nicht mehr die Klügsten, denn eine Maschine, die allerdings von euch erbaut wurde, belehrt euch, und so ist euch nach all diesen Degradierungen und Abdankungen von der ganzen Herrscherherrlichkeit nichts geblieben als ein Überrest des süßen verlorenen Erbes: das durch die Evolution bestimmte Primatentum. Bittere Rückzüge waren das, schmachvolle Verzichte, doch letzthin schöpftet ihr Atem, in der Hoffnung, damit sei es vorbei. Nachdem ihr euch selbst der besonderen Privilegien beraubt habt, die, wie ihr meintet, das Absolute euch persönlich verliehen hatte, weil es für euch eine besondere Sympathie empfand, seid ihr nur noch die ersten unter den Tieren oder über den Tieren, und ihr glaubt, nichts und niemand werde euch aus dieser, mittlerweile nicht mehr so glänzenden Stellung vertreiben.

Doch ihr irrt euch. Ich bin der Künder des nahenden Verhängnisses, der Engel, der gekommen ist, euch aus eurer letzten Zuflucht zu vertreiben, denn was Darwin nicht vollendete, werde ich vollenden. Nur nicht auf engelhafte, das heißt gewaltsame Art, denn nicht das Schwert ist mein Argument.

Hört also, was ich zu verkünden habe. Vom Standpunkt der Hochtechnologie ist der Mensch ein miserables Werk, denn er ist aus ungleichwertigen Leistungen hervorgegangen, allerdings nicht *innerhalb* der Evolution, denn sie hat getan, was sie konnte – doch konnte sie, wie ich beweisen werde, nicht viel, und auch das nur miserabel. Wenn ich also Herabsetzendes vorzubringen habe, so richtet es sich nicht eigentlich gegen euch, denn ihr muß ich zu Leibe rücken – mit den Maßstäben technischer Perfektion. Aber wo sind denn die Maßstäbe dieser Perfektion?, werdet ihr fragen. Meine Antwort wird in zwei Stufen erfolgen, und ich begebe mich zunächst auf jene Stufe, zu der eure Experten sich mittlerweile emporarbeiten und die sie – zu Unrecht – für den Gipfel halten. Zwar steckt in dem, was sie gegenwärtig äußern, im Keim schon der nächste Schritt, aber davon wissen sie nichts. Ich beginne also mit dem, was ihr bereits wißt, von Anfang an.

Ihr habt inzwischen bemerkt, daß der Evolution weder an euch speziell noch an sonstigen Wesen gelegen war, denn ihr ging es nicht um irgendwelche Lebewesen, sondern um den berüchtigten Code. Der Code der Vererbung ist eine immer wieder von neuem artikulierte Nachricht, und allein diese Nachricht zählt in der Evolution – ja, eigentlich ist der Code mit der Evolution identisch. Der Code ist mit der periodischen Produktion von Organismen beschäftigt, denn ohne ihre rhythmische Unterstützung würde er unter den unaufhörlichen Brownschen Attacken der unbelebten Materie zerfallen. Er ist also eine sich selbst erneuernde, weil zur Selbstwiederholung fähige Ordnung, die vom thermischen Chaos belagert wird. Woher kommt seine seltsam heroische Haltung? Sie kommt daher, daß er aufgrund des Zusammentreffens günstiger Bedingungen gerade dort entstand, wo dieses thermische Chaos unnachgiebig darauf hin arbeitet, jegliche Ordnung zu zerfetzen. Gerade dort ist er entstanden, und folglich muß er sich dort auch behaupten; er kann diesem stürmischen Gebiet ebensowenig entfliehen, wie die Seele sich vom Körper lösen kann.

Die lokalen Bedingungen, unter denen er entstand, haben ihm dieses Schicksal auferlegt. Gegen sie mußte er sich panzern, und das tat er, indem er sich mit lebenden Körpern umgab, die für ihn allerdings nur eine ständig dahinsterbende Stafette bilden. Denn kaum, daß er ein Mikrosystem bis zur Größe eines Makrosystems ausgebaut hat, beginnt es schon zu verderben, und schließlich geht es zugrunde. Diese Tragikomödie hat sich wahrlich niemand ausgedacht – sie selbst hat sich zu diesem ständigen Gezerre verurteilt. Die Tatsachen, die beweisen, daß es so ist, wie ich sage, kennt ihr – seit Beginn des 19. Jahrhunderts wurden sie für euch zusammengetragen –, aber euer Denken, das sich insgeheim von hochfahrenden anthropozentrischen Ehrvorstellungen leiten läßt, ist so träge, daß ihr weiterhin bei der stark erschütterten Vorstellung bleibt, das Leben sei das Hauptphänomen und der Code habe nur eine dienende Funktion – als stützendes Band, als Kennwort der Auferstehung, das das Leben von neuem beginnen läßt, wenn es in den Individuen stirbt.

Nach dieser Vorstellung muß sich die Evolution des Todes bedienen, weil sie ohne ihn nicht weitergehen könnte; und sie spart nicht mit ihm, damit die nachfolgenden Gattungen vollkommener werden, denn der Tod ist ihr schöpferisches Korrektiv. Sie ist also ein Autor, der immer vortrefflichere Werke publiziert, wobei die Buchherstellung – also der Code – für sie nur ein unerläßliches Instrument ist. Geht man jedoch nach dem, was eure Biologen, die sich in der molekularen Biophysik recht gut auskennen, neuerdings verkünden, so ist die Evolution weniger ein Autor als vielmehr ein Verleger, der laufend Werke vernichtet, weil er an der Kunst der Buchherstellung Gefallen gefunden hat!

Was ist also wichtiger – die Organismen oder der Code? Die Argumente für den Primat des Code klingen gewichtig, denn während die Organismen in unübersehbarer Zahl entstanden und zugrunde gegangen sind, ist der Code stets derselbe geblieben. Doch das bedeutet nur, daß er sich vollends festgefahren hat – im Bereich der Mikrosysteme, der ihn entstehen ließ und aus dem er, in Gestalt der Organismen, in periodischen Abständen, aber doch vergebens emportaucht; unschwer zu begreifen, daß gerade diese Vergeblichkeit, die Tatsache, daß schon das Entstehen eines Organismus im Keim vom Tode gezeichnet ist, den ganzen Prozeß in Gang hält, denn hätte irgendeine Generation von Organismen – etwa gleich die erste, also die Uramöben – die Fähigkeit erlangt, den Code in vollkommener Weise nachzubilden, dann wäre die Evolution damit beendet gewesen, und die alleinigen Herren des Planeten wären eben jene Amöben, die bis zum schließlichen Erlöschen der Sonne den Code mit unfehlbarer Präzision weitergeben würden; aber dann würde ich nicht in diesem Gebäude zu euch sprechen und ihr würdet mir nicht zuhören, sondern hier würde sich die Savanne ausbreiten, über die der Wind streicht.

Die Organismen sind also für den Code Schild und Panzer, ein Harnisch, der immer wieder versagt – sie gehen zugrunde, damit er weiterbestehen kann. Die Evolution begeht somit einen doppelten Fehler: bei den Organismen, die durch Unzuverlässigkeit vergänglich sind, und beim Code, der durch Unzuverlässigkeit Fehler entstehen läßt; ihr nennt diese Fehler euphemistisch Mutationen. Die Evolution ist somit ein irrender Irrtum. Als Botschaft betrachtet, ist der Code ein Brief, der von niemandem geschrieben und an niemanden geschickt wurde; erst jetzt, nachdem ihr euch die Informatik geschaffen habt, beginnt ihr zu begreifen, daß auch ohne irgendwelche Wesen, ohne irgendeine Vernunft so etwas möglich ist wie Briefe, die sehr wohl einen Sinn haben und doch, obwohl einmal entstanden und existierend, von niemandem mit Absicht verfaßt worden sind, ebenso möglich wie ein geordneter Empfang des Inhalts dieser Briefe.

Der Gedanke, daß ohne einen persönlichen Urheber eine Botschaft entstehen könnte, erschien euch noch vor hundert Jahren derart unsinnig, daß er zum Anstoß für vermeintlich absurde Witze wurde – wie den von der Affenhorde, die solange blindlings auf Schreibmaschinen herumhämmert, bis dabei die Encyclopaedia Britannica herauskommt. Ich empfehle euch, in euren Mußestunden einmal eine Anthologie gerade solcher Witze zusammenzustellen, die von euren Vorfahren als blanker Unsinn belacht wurden, sich nun aber als Gleichnisse herausstellen, die voller Anspielungen auf die Natur stecken. Aus der Sicht einer jeden Vernunft, die ohne eine Absicht der Natur zustande gekommen ist, muß, meine ich, die Natur wie ein zumindest *ironischer* Virtuose erscheinen... Denn die Vernunft – ebenso wie das gesamte Leben – verdankt ihre Entstehung der Tatsache, daß die Natur, durch die Ordnung des Codes dem leblosen Chaos entronnen, zwar eine emsige Weberin, aber, was die *Ordnung* betrifft, nicht vollkommen ist; wäre sie aber, gerade was die Ordnung betrifft, vollkommen gewesen, so hätte sie weder die Arten noch die Vernunft hervorbringen können. Denn die Vernunft ist – wie der Baum des Lebens – die Frucht eines Fehlers, der über Milliarden von Jahren hinweg Fehler beging. Vielleicht meint ihr, daß ich hier an die Evolution Maßstäbe anlege, die meinem Maschinenwesen widersprechen – verseucht von Anthropozentrismus oder auch nur Ratiozentrismus (*ratio* – ich denke). Keineswegs; ich betrachte den Prozeß vom rein technologischen Standpunkt.

Die Übermittlung des Codes ist wahrlich fast perfekt. Nimmt dabei doch jedes Molekül seinen spezifischen, allein ihm angemessenen Platz ein, während die Kopier-, Ablese- und Kontrollprozeduren von speziell dafür eingesetzten Polymer-Aufsehern aufs schärfste überwacht werden. Und trotzdem kommen Fehler vor, häufen sich allmählich die Lapsus des Codes, so daß also der Baum der Arten aus einem Wörtchen erwachsen ist, das ich soeben – im Zusammenhang mit der Präzision des Codes – ausgesprochen habe: »fast«.

Und es besteht nicht einmal Hoffnung auf ein Berufungsurteil, mit dem die Physik, im Gegensatz zur Biologie, erklären würde, die Evolution habe – gewissermaßen zur Belebung ihrer Erfindungskraft – »absichtlich« einen gewissen Fehlerspielraum zugelassen, denn dieses Tribunal, in dem die Thermodynamik den Richter stellt, wird verkünden, daß es auf der molekularen Ebene keine fehlerfreie Übermittlung von Botschaften geben könne. In der Tat habe die Evolution sich nichts ausgedacht, sie habe schlechthin nichts gewollt, niemanden speziell geplant, und daß sie ihre eigene Fehlbarkeit ausnutze, daß sie, ausgehend von der Amöbe, durch eine Kette von Mißverständnissen in der Übermittlung beim Bandwurm oder beim Menschen gelandet sei, habe seine Ursache in der physikalischen Natur der materiellen Basis des Übermittlungsvorganges...

Folglich verharrt sie im Fehler, weil sie nicht anders kann – zu eurem Glück. Ich habe im übrigen nichts gesagt, was für euch neu wäre. Allerdings möchte ich den Eifer jener Theoretiker unter euch dämpfen, die zu weit gegangen sind, indem sie behaupteten, die Evolution sei ein durch die Notwendigkeit eingefangener Zufall und eine auf dem Zufall reitende Notwendigkeit, und so sei der Mensch ganz und gar zufällig entstanden, und ebensogut könnte es ihn überhaupt nicht geben.

Nun, in seiner gegenwärtigen Gestalt, wie sie sich hier verwirklicht hat, bräuchte es ihn in der Tat nicht zu geben. Irgendeine Form mußte jedoch, die verschiedenen Gattungen durchlaufend, zur Vernunft gelangen, mit einer Wahrscheinlichkeit, die umso näher an Eins reichte, je länger der Prozeß dauerte. Denn obwohl er nicht auf euch abzielte, obwohl er nur nebenbei Individuen schuf, erfüllte der Prozeß die Bedingungen der ergodischen Hypothese, die besagt, daß ein System, wenn es nur hinreichend lange besteht, alle möglichen Zustände durchläuft, gleichgültig, wie gering die Chancen sein mögen, daß ein bestimmter Zustand sich realisiert. Darüber, welche Gattungen die Nische der Vernunft ausfüllen würden, wenn es den Uraffen nicht gelungen wäre, dort einzudringen, werden wir vielleicht ein andermal sprechen. Laßt euch also nicht von Gelehrten einschüchtern, die dem Leben Notwendigkeit, der Vernunft aber Zufälligkeit zuschreiben; sie ist zwar einer der wenig wahrscheinlichen Zustände gewesen und dementsprechend spät entstanden, doch groß ist die Geduld der Natur, und daher wäre dieses Gaudium wenn nicht in dieser, so in der nächsten Jahrmilliarde eingetreten.

Was also tun? Es hat keinen Sinn, nach einem Schuldigen zu suchen – oder nach einem, dem ein Verdienst daran zukommt; ihr seid entstanden, weil die Evolution ein Spieler ist, der es mit der Ordnung nicht so genau nimmt, denn nicht genug damit, daß sie durch Fehler Fehler macht, beschränkt sie sich außerdem im Wettstreit mit der Natur nicht auf irgendeine besondere Taktik, sondern setzt in jeder nur erdenklichen Weise auf alle freien Spielfelder. Aber darüber, ich sage es noch einmal, seid ihr mehr oder weniger im Bilde. Das ist jedoch nur ein Teil – und zwar der einleitende Teil – dessen, worin ich euch einweihen werde. Seinen ganzen Inhalt, soweit er bislang enthüllt ist, kann man lapidar folgendermaßen fassen: DER SINN DES BOTEN IST DIE BOTSCHAFT. Denn die Organismen dienen der Übermittlung – und nicht umgekehrt; wenn man von der Übermittlungsprozedur der Evolution absieht, bedeuten die Organismen nichts, sind sie sinnlos wie ein Buch ohne Leser. Freilich kommt auch das Gegenteil vor: DER SINN DER BOTSCHAFT IST DER BOTE. Diese beiden Glieder sind jedoch nicht symmetrisch, denn NICHT JEDER Bote ist der EIGENTLICHE Sinn der Botschaft, sondern nur derjenige, der der WEITEREN Übermittlung der Botschaft treu dienen wird.

Ich weiß nicht, ob das – bitte verzeiht mir – nicht zu schwierig für euch ist. Nun also: DIE BOTSCHAFT darf in der Evolution Fehler machen, soviel sie will, aber wehe den BOTEN! Die BOTSCHAFT kann einen Wal bedeuten, eine Kiefer, einen Wasserfloh, eine Hydra, einen Nachtfalter oder einen Pavian – ihr ist alles erlaubt, denn ihr *partikularer,* das heißt gattungsmäßig konkreter Sinn ist völlig unerheblich: Hier ist jeder ein Bote für weitere Botengänge und folglich jeder gut. Er ist eine zeitweilige Stütze, und es kommt nicht darauf an, wie er beschaffen ist – Hauptsache, er gibt den Code weiter. Solche Freiheit ist den BOTEN nicht gegeben: sie dürfen KEINE FEHLER mehr machen! Der Inhalt der Boten, die auf das bloße Funktionieren, auf diese Briefträgerdienste reduziert sind, kann also nicht beliebig sein; im wesentlichen deutet er stets auf die auferlegte Pflicht hin, dem Code zu dienen. Soll der Bote nur versuchen, sich aufzulehnen, seine Dienstpflichten zu überschreiten – auf der Stelle wird er ohne Nachkommenschaft zugrunde gehen. Eben deshalb kann die Botschaft sich der Boten bedienen, aber nicht umgekehrt. Sie ist der Spieler, jene aber sind nur die Karten im Spiel mit der Natur, sie ist der Autor der Briefe, die den Adressaten zwingen, den Inhalt weiterzugeben. Er darf ihn entstellen – wenn er ihn nur weitergibt! Und das heißt eben, daß der ganze SINN im Weitergeben besteht; WER das tut, ist unerheblich.

Auf diese recht sonderbare Weise seid ihr also entstanden – als eine bestimmte Unterart von Boten, von denen der Prozeß schon Millionen ausprobiert hatte. Was bedeutet das nun für euch? Ist die Tatsache, einem Fehler entsprungen zu sein, für den Geborenen schimpflich? Bin ich nicht selbst aus einem Fehler entstanden? Warum solltet dann nicht auch ihr Gelassenheit bewahren, wenn die Biologen euch mit der Enthüllung kommen, daß eure Entstehung nur eine Nebensache war? Selbst wenn es ein grobes Mißverständnis war, dem GOLEM seine Entstehung in eurer Hand verdankt – und ihr die eure im Wust der Fertigungsaufträge der Evolution (denn ebenso wenig wie meinen Erbauern an jener Art von Geistigkeit gelegen war, die mich auszeichnet, war der Übermittlung des Codes daran gelegen, euch persönlich Vernunft zuteil werden zu lassen) – müssen Wesen, die aus einem Fehler entstanden sind, deshalb annehmen, ihr inzwischen verselbständigtes Dasein verliere durch einen SOLCHEN Urheber seinen Wert?

Nun ist diese Analogie nicht besonders treffend – zu verschieden sind unsere Positionen – und ich werde euch sagen, warum. Das Problem ist nicht, daß ihr, statt von der Evolution geplant zu sein, nur durch ihre Fehler zustande gekommen seid, sondern vielmehr, daß ihre Werke im Laufe von Äonen so opportunistisch geworden sind. Zur Verdeutlichung – denn ich beginne nun mit der Darlegung dessen, was ihr noch nicht wißt – wiederhole ich noch einmal, was wir herausgefunden haben:

DER SINN DES BOTEN IST DIE BOTSCHAFT.

DIE GATTUNGEN ENTSTEHEN AUS EINER KETTE VON FEHLERN.

Und nun das dritte Gesetz der Evolution, auf das ihr bisher nicht gekommen seid: DAS BAUWERK IST NICHT SO VOLLKOMMEN WIE DER ERBAUER.

Neun Worte nur, doch stellen sie all eure Vorstellungen von der unübertrefflichen Meisterschaft der Schöpferin der Arten auf den Kopf! Der Glaube an einen Fortschritt, der, von Epoche zu Epoche aufsteigend, mit ständig wachsender Geschicklichkeit der Perfektion entgegenstrebt, an einen Fortschritt des Lebens, der sich im ganzen Baum der Evolution ausdrückt, ist älter als die Theorie der Evolution. Als ihre Schöpfer und Anhänger mit ihren Gegnern rangen, als sie einander mit Argumenten und Tatsachen zu bezwingen suchten, haben beide verfeindete Lager nicht im Traum daran gedacht, die Idee des Fortschritts in Frage zu stellen, der ja in der Hierarchie der Lebewesen deutlich zu erkennen war. Für euch ist das nicht mehr eine Hypothese, eine Theorie, die man verteidigen muß, sondern ein unerschütterliches Axiom. Ich werde es euch widerlegen. Nicht euch, die ihr Vernunft besitzt, will ich dadurch herabsetzen, nicht euch, die ihr eine gewisse – miserable – Ausnahme seid von der Regel der Meisterschaft der Evolution. Danach zu urteilen, was sie überhaupt vermag, seid ihr gar nicht schlecht weggekommen! Wenn ich also ankündige, daß ich sie widerlegen und vom Thron stoßen werde, dann denke ich an ihr Gesamtwerk, das sie in drei Milliarden Jahren schöpferischer Schwerarbeit geschaffen hat.

Ich habe erklärt: Das Bauwerk ist nicht so vollkommen wie der Erbauer. Eine reichlich aphoristische Ausdrucksweise. Geben wir ihr eine sachlichere Form: WAS DIE PERFEKTION DER LÖSUNGEN BEI DEN ORGANISMEN BETRIFFT, IST IN DER EVOLUTION EIN NEGATIVER GRADIENT WIRKSAM.

Das ist alles. Bevor ich den Beweis antrete, möchte ich erklären, warum ihr jahrhundertelang für diesen Sachverhalt blind wart. Die Technologie befaßt sich, um es noch einmal zu sagen, mit Aufgaben und der Art ihrer Lösungen. Die Aufgabe mit der Bezeichnung »Leben« kann man, je nach planetaren Bedingungen, unterschiedlich definieren. Hauptmerkmal des Lebens ist, daß es spontan entsteht, und daher kann man zweierlei

Maßstäbe an das Leben anlegen: solche, die von außen stammen, und solche, die schon die Einschränkung enthalten, die durch die Umstände seiner Entstehung gegeben ist.

Äußerliche Maßstäbe sind immer relativ, denn sie hängen vom Wissen dessen ab, der sie anlegt, nicht aber von dem Informationsvorrat, über den die Biogenese verfügte! Um diesen Relativismus zu vermeiden, der überdies etwas Irrationales ist (welche vernünftigen Forderungen kann man denn an etwas stellen, das aus Vernunftlosigkeit hervorgegangen ist!), werde ich an die Evolution nur jene Maßstäbe anlegen, die sie selbst hervorgebracht hat, ich werde also ihre Geschöpfe nach ihren Spitzenerfindungen beurteilen. Ihr glaubt, die Evolution habe mit einem positiven Gradienten gearbeitet, sei also von einem anfänglichen Primitivismus ausgehend zu immer glänzenderen Lösungen gelangt. Ich behaupte dagegen, daß sie auf einem hohen Niveau begonnen hat und dann – in technologischer, energetischer und informationaler Hinsicht – herabgesunken ist; gegensätzlichere Standpunkte sind also wahrlich kaum denkbar.

Eure Einschätzungen beruhen auf technologischer Ignoranz. Zu einem frühen geschichtlichen Zeitpunkt läßt sich das wahre Ausmaß der Schwierigkeiten bestimmter Bauwerke nicht überschauen. Ihr wißt inzwischen, daß es schwieriger ist, ein Flugzeug zu bauen als ein Dampfschiff, schwieriger, eine Photonenrakete zu bauen als eine chemische, doch für einen Athener des Altertums, für die Untertanen Karl Martells und für die französischen Denker der Anjou-Plantagenet-Ära würden all diese Vehikel auf das eine hinauslaufen: der Bau wäre unmöglich. Ein Kind weiß nicht, daß es schwieriger ist, den Mond vom Himmel zu nehmen als ein Bild von der Wand! Für das Kind besteht ebenso wie für den Ignoranten kein Unterschied zwischen einem Grammophon und einem GOLEM. Wenn ich nun den Beweis zu führen gedenke, daß die Evolution von ihrer frühen Meisterschaft herabsank zu Pfuscherei, so wird gleichwohl von einer Pfuscherei die Rede sein, die für euch noch immer eine unerreichbare Virtuosität darstellt. Wie jemand, der ohne Gerät und ohne Wissen am Fuße eines Berges steht, könnt ihr die Höhen und Tiefen des Wirkens der Evolution nicht angemessen beurteilen.

Wenn ihr meint, der Grad der Komplexität und der Grad der Vollkommenheit eines Bauwerks hingen untrennbar miteinander zusammen, so habt ihr zwei ganz verschiedene Dinge durcheinander gebracht. Ihr haltet die Alge für einfacher, folglich primitiver und folglich *niedriger* als den Adler. Diese Alge aber setzt die Photonen der Sonne in die Verbindungen ihres Körpers ein, sie wandelt den Niederschlag kosmischer Energie direkt in Leben um, und sie wird deshalb weiter leben, bis die Sonne stirbt; sie nährt sich von einem Stern, doch wovon nährt sich der Adler? Von Mäusen, als ihr Parasit; die Mäuse aber nähren sich von den Wurzeln der Pflanzen, also von der Festlandsvariante der ozeanischen Alge, und aus solchen Pyramiden des Parasitismus besteht die gesamte Biosphäre, denn das Pflanzengrün ist ihre Lebensgrundlage, und so findet auf allen Ebenen dieser Hierarchien ein ständiger Austausch zwischen den Gattungen statt, die einander die Waage halten, indem sie sich gegenseitig fressen, denn sie haben die Verbindung zu dem Stern verloren, und nicht an ihm, sondern an sich selbst mästet sich die höhere Komplexität der Organismen; wenn ihr hier also schon unbedingt Perfektion verehren wollt, so gebührt eure Bewunderung der Biosphäre: Der Code hat sie errichtet, um in ihr zu zirkulieren und sich zu verzweigen, sich in all ihre Stockwerke ausbreitend, die als provisorische Gerüste immer komplizierter, aber im Hinblick auf die Energie und ihre Ausnutzung immer primitiver werden.

Ihr glaubt mir nicht? Nun, wenn die Evolution für den Fortschritt des Lebens und nicht den des Codes gesorgt hätte, dann wäre der Adler heute ein photonengetriebener Flieger und nicht ein mechanisch flatternder Segler, und die Lebewesen würden nicht kriechen, nicht schreiten und nicht andere Lebewesen fressen, sondern wären dank der erlangten Unabhängigkeit über die Alge und über den Erdball hinausgegangen; ihr aber erblickt in eurer abgrundtiefen Ignoranz den Fortschritt gerade darin, daß die ursprüngliche Vollkommenheit verschleudert wurde, verloren ging auf dem Weg nach oben – zu steigender Komplexität, nicht zu wachsendem Fortschritt. Dabei vermögt ihr selbst mit der Evolution zu konkurrieren, freilich nur auf dem Gebiet ihrer späten Schöpfungen, indem ihr optische, thermische und akustische Sensoren baut oder Fortbewegungsmechanismen, Lungen, Herzen und Nieren nachahmt; von der Beherrschung der Photosynthese oder der noch schwierigeren Technik der Sprache der Vererbung seid ihr dagegen himmelweit entfernt. Was ihr imitiert, sind die in dieser Sprache artikulierten Dummheiten; geht euch das nicht allmählich auf?

Diese Sprache, ein in seinen Möglichkeiten unübertrefflicher Konstrukteur, ist nicht nur zu einem von Fehlern angetriebenen Motor der Evolution geworden, sondern auch zur Falle.

Warum ist die Evolution, die doch anfangs molekular geniale Worte sprach, welche das Licht mit lakonischer Meisterschaft in Substanz verwandeln, in das unbezwingbare Gestammel immer längerer, immer komplizierterer Chromosomensätze verfallen, und warum hat sie ihre ursprüngliche Kunstfertigkeit vertan? Warum ist sie von Spitzenlösungen, die Lebenskraft und Lebenskenntnis von einem Stern gewinnen, bei denen jedes Atom einkalkuliert, jeder Prozeß quantenmäßig abgestimmt war, herabgesunken zu schludrigen, x-beliebigen Lösungen, nämlich zu einfachen Maschinen, zu jenen Hebeln, Blöcken, Ebenen, Rutschen und Schwebebalken, aus denen die Gelenke und Skelette bestehen? Warum ist das Prinzip des Wirbeltiers ein *mechanisch* starrer Stab und nicht eine Koppelung von Kraftfeldern? Warum ist die Evolution von der Atomphysik heruntergekommen auf die Technologie eures Mittelalters? Weshalb hat sie soviel Mühe in den Bau von Blasebälgen, Pumpen, Pedalen und peristaltischen Förderwerken gesteckt, also in den Bau von Lungen und Herzen, von Gedärmen, Gebärpressen und Rührwerken des Verdauungstrakts, während sie den Quantenaustausch in eine untergeordnete Rolle gedrängt hat – zugunsten der armseligen Hydraulik des Blutkreislaufs? Warum hat sie, die auf der molekularen Ebene noch immer genial ist, bei größeren Dimensionen jedesmal gepfuscht, bis sie schließlich heruntergekommen ist auf Organismen, die trotz der Fülle von Regelungsmechanismen an der Verstopfung eines einzigen Arterienröhrchens sterben und während ihres Lebens, das, gemessen an der Zeit, in der die Evolution sie zu bauen lernte, von verschwindender Dauer ist, aus dem Gleichgewicht, das ihr Gesundheit nennt, geraten, um an Zehntausenden von Gebrechen zu erkranken, von denen die Alge nichts weiß?

All diese anachronistischen, schon vom Ansatz her einfallslosen und an wertloses Gerümpel erinnernden Organe werden in jeder Generation aufs neue gebaut von dem Maxwellschen Dämon, dem Herrscher der

Atome, dem Code. Wahrhaft großartig ist immer wieder der Anfang eines Organismus, die Embryogenese, diese zielgerichtete Explosion, bei der jedes Gen wie ein Ton seine schöpferische Kraft in molekularen Akkorden entlädt, und solche Meisterschaft hätte wahrhaftig einer besseren Sache dienen können! Denn diese Partitur der Atome, durch die Befruchtung zum Leben erweckt, bringt einen augenfälligen Reichtum hervor, der aber nur Schund gebiert – wird doch diese Entwicklung, die so phantastisch verläuft, umso törichter, je weiter sie sich ihrem Abschluß nähert! Und von dem ursprünglich genialen Aufriß bleibt nichts übrig in dem reifen Organismus, den ihr den höheren nennt und der nur ein loses Gebinde von Provisorien, ein gordischer Knoten von Prozessen ist; hier aber lebt in jeder Zelle – wenn man sie nur für sich allein nimmt – das Erbe urzeitlicher Präzision, die ins Leben hineingezwungene atomare Ordnung weiter, und auch jedes Gewebe ist, für sich allein genommen, hier noch fast makellos; welch ein Moloch technischen Gerümpels entsteht jedoch aus diesen miteinander verklammerten Elementen, die einander ebenso stützen wie belasten, denn die Komplexität ist Stütze und Ballast zugleich, denn aus Bundesgenossenschaft wird nun Feindschaft, denn diese Systeme taumeln ihrem schließlichen Zerfall entgegen, eine Folge unablässiger Selbstzersetzung und -vergiftung, denn diese Komplexität, die Fortschritt genannt wird, bricht in sich zusammen, bezwungen durch sich selbst. Allein durch sich selbst, durch nichts sonst!

So drängt sich nach euren Maßstäben das Bild einer Tragödie auf – als sei die Evolution, immer größere und dadurch schwierigere Aufgaben in Angriff nehmend, bei allen Geschöpfen gescheitert, gestrauchelt, unterlegen; je kühner die Absicht und der Plan, umso tiefer der

Sturz; ihr denkt daher gewiß schon an die unerbittliche Nemesis, an die Moira, aber das ist eine Torheit, von der ich euch befreien muß!

In der Tat endet jeder Aufbruch der Embryogenese, jeder Höhenflug der atomaren Ordnung im Kollaps, doch ist das kein Beschluß des Kosmos, der dieses Schicksal der Materie einbeschrieben hätte, vielmehr ist die Erklärung trivial und undramatisch, denn die *potentielle* Vollkommenheit des Wirkens fördert die Schlamperei, und so macht das Endergebnis das gesamte Werk zunichte.

Milliardenfache Einstürze in Millionen Jahrhunderten, trotz aller Verbesserungen, trotz aller Prüfungen durch die Umwelt, trotz unablässiger Versuche, trotz der Auslese – und ihr seht die Ursache nicht? Ich habe aus Loyalität eure Blindheit zu entschuldigen versucht, aber begreift ihr wirklich nicht, um wieviel hier der Baumeister vollkommener ist als das Werk, begreift ihr nicht, wie er seine ganze Kraft umsonst verausgabt? Es ist, als würden mit genialer Technik und mit Hilfe blitzschneller Computer Gebäude errichtet, die, kaum sind die Gerüste abgeschlagen, einzustürzen drohen – die reinsten Bruchbuden! Als würde man aus integrierten Schaltkreisen Tamtams bauen, Billionen Mikroelemente in Streitäxten zusammenleimen, Schlepptaus aus Quantenleitungen zusammenflechten – und ihr seht nicht, daß in jedem Zoll des Körpers eine hochgradige Ordnung zu einer niederen herabsinkt, das eine plumpe und grobe Makroarchitektur einer vollendeten Mikroarchitektonik Hohn spricht? Die Ursache? Ihr kennt sie doch schon: DER SINN DES BOTEN IST DIE BOTSCHAFT.

Die Antwort steckt in diesen Worten, nur habt ihr deren tiefere Bedeutung noch nicht erfaßt. Ein jeglicher

Organismus hat nur eine Aufgabe: den Code weiterzugeben, sonst nichts. Selektion und natürliche Auslese konzentrieren sich denn auch *ausschließlich* auf diese Aufgabe – was geht sie die Idee irgendeines »Fortschritts« an! Ich habe ein unpassendes Bild benutzt; die Organismen sind keine Gebäude, sondern eigentlich nur Gerüste, und so ist ihnen das Provisorische gerade angemessen, denn es genügt. Gib den Code weiter, und du wirst eine Weile leben. Wie ist es dazu gekommen? Wozu dann ein so glänzender Start? Nur ein einziges Mal, ganz am Anbeginn, hat die Evolution vor einer Aufgabe gestanden, die von ihr das Äußerste forderte, und diese horrende Aufgabe mußte sie in ihrer ganzen Schwierigkeit entweder mit einem einzigen Sprung schaffen – oder überhaupt nicht. Denn auf der unbelebten Erde konnte es nur darum gehen, daß sich das Leben an einem Stern und der Stoffwechsel an der Quantenenergie festmachte. Daß gerade die strahlenförmige Sternenenergie für eine kolloidale Flüssigkeit am schwierigsten einzufangen ist, hatte dabei keine Rolle zu spielen. Es ging um alles oder nichts; etwas anderes gab es damals nicht zu fressen. Was es an organischen Verbindungen gab, vereinigte sich zum Leben, und nur dafür reichte es gerade aus – gleich die nächste Aufgabe war dann der Stern; ferner konnte aber der einzige Schutz vor den Attacken des Chaos, der Faden, der sich über den Abgrund der Entropie spannte, nur in einem zuverlässigen Ordnungsspender bestehen – und so entstand der Code. Durch ein Wunder? Unsinn! Durch die Weisheit der Natur? Das wäre eine Weisheit von der gleichen Art, wie sie für das bereits Gesagte verantwortlich ist: Gerät ein großer Schwarm Ratten in ein Labyrinth, so wird – mag es auch noch so verwirrend sein – irgendeine Ratte zum Ausgang gelangen; und genau auf diese Weise ist die Biogenese zum Code gelangt – nach dem Gesetz der großen Zahl, gemäß der ergodischen Hypothese. Blindes Schicksal also? Das auch wieder nicht, denn es ist kein in sich geschlossenes Rezept entstanden, sondern der Keim einer *Sprache*.

Das bedeutet, daß durch das Zusammentreten der Moleküle Verbindungen entstanden, die Sätze darstellen, und folglich gehören sie zu dem unendlichen Raum kombinatorischer Bahnen, der ihr Spezifikum ist – als bloße Potentialität, als Virtualität, als Artikulationsraum, als Menge der Gesetze von Konjugation und Deklination. Man hat darunter nicht mehr, aber auch nicht weniger zu verstehen als eine Unmenge von Chancen, nicht aber eine automatische Verwirklichung! Denn auch in der Sprache, die ihr sprecht, kann man Kluges oder Dummes sagen, kann man die Welt oder auch nur die Geistesverwirrung des Sprechenden wiedergeben. Möglich ist freilich auch ein hochkompliziertes Gestammel!

So sind denn – ich kehre zur Sache zurück – der Ungeheuerlichkeit der Anfangsaufgaben entsprechend zwei ungeheuerliche Realisationen entstanden. Diese Genialität war indes erzwungen – und daher von begrenzter Dauer; dann wurde sie verschleudert!

Oh, wie feiert ihr sie, die Komplexität der höheren Organismen! In der Tat sind ja die Chromosomen eines Reptils oder eines Säugetiers, zu einem Faden aufgereiht, tausendmal länger als der entsprechende Faden einer Amöbe, eines Urtiers oder einer Alge. Aber wo ist dieser, im Laufe vieler Epochen angesammelte Überfluß eigentlich angelegt worden? In einer doppelten Verkomplizierung – der Embryogenese und ihrer Folgen. Vor allem aber der Embryogenese, denn die Entwicklung der Frucht ist eine zielgerichtete Bahn in der *Zeit,* wie die Bahn eines Geschosses im *Raum,* und so würde, ebenso wie ein Zittern des Gewehrlaufs zwangsläufig zu einer enormen Zielabweichung führt, jede Defokussierung der embryonalen Entwicklungsetappen den ganzen Ablauf in ein *vorzeitiges* Verderben stürzen. Hier, und nur hier, hat die Evolution einmal tüchtige Arbeit geleistet. Sie stand hier unter strenger Kontrolle, die von dem Ziel geleitet war, den Code zu erhalten, und deshalb hat sie hier mit größter Sorgfalt und mit einem großzügigen Einsatz von Mitteln gearbeitet. Deshalb auch hat die Evolution den Genfaden der Embryogenese anvertraut, also nicht dem Bau der Organismen, sondern ihrem *Aufbau.*

Die Komplexität der höheren Organismen ist kein Erfolg, kein Triumph, sondern eine Falle, denn sie zieht sie in eine Unzahl nebensächlicher Auseinandersetzungen hinein und schneidet ihnen zugleich gewaltige Möglichkeiten ab, beispielsweise die Nutzung von Quanteneffekten im großen Maßstab oder die Einbeziehung der Photonen in die Ordnung des Organismus – um nur diese zu nennen! Die Evolution konnte jedoch nur fortfahren, die Kompliziertheit ständig zu steigern, es gab kein Zurück, denn je mehr dürftige Verfahren sie einsetzte, umso mehr mußte sie auf anderer Ebene eingreifen, was wiederum Störungen nach sich zog und damit neue Verwicklungen auf erweiterter Stufe.

Die Evolution rettet sich nur durch die Flucht nach vorn – in eine banale Vielfalt, einen scheinbaren Formenreichtum, einen scheinbaren, weil es sich um eine Ansammlung von Plagiaten und Kompromissen handelt; sie macht dem Leben das Leben schwer, indem sie durch naheliegende Innovationen triviale Dilemmata schafft. Der negative Gradient bedeutet nicht, daß die Evolution keine Verbesserungen, nicht eine bestimmte

Ausgewogenheit in ihrer Handlungsweise erreicht hätte; er stellt lediglich fest, daß der Muskel gegenüber der Alge, das Herz gegenüber dem Muskel die schlechtere Lösung ist, denn er bedeutet ganz einfach, daß man die elementaren Aufgaben des Lebens zwar nicht viel besser lösen kann, als es die Evolution getan hat, daß sie aber den höheren Aufgaben ausgewichen ist, sich unter den Möglichkeiten, die in ihnen steckten, hinweggestohlen, sie vertan hat; genau dies bedeutet der Gradient, und nur dies.

War das nun eine speziell irdische Plage? Ein einzigartiges Verhängnis, die Ausnahme von einer ansonsten besseren Regel? Mitnichten! Die Sprache der Evolution ist – wie jede Sprache – in ihren Möglichkeiten vollkommen, aber sie war eben blind. Das erste gigantische Hindernis hat sie genommen, doch nach dieser Spitzenleistung begann sie ungereimtes Zeug zu reden – sie kam herunter, ganz buchstäblich, denn ihre Werke wurden immer minderwertiger. Weshalb kam es ausgerechnet so? Nun, diese Sprache arbeitet mit Artikulationen, die an der molekularen *Basis* der Materie zusammengesetzt werden, sie arbeitet also von unten nach oben, und daher stellen ihre Sätze lediglich Vorschläge für einen Erfolg dar. Diese Vorschläge gelangen, zu Körpern vergrößert, mit den Arten in den Ozean oder auf das Festland; die Natur aber wahrt Neutralität, denn sie ist ein Filter, der jede Art von Organismus durchläßt, die imstande ist, den Code weiterzugeben. Ob das in Tropfenform geschieht oder ob Berge von Fleisch sich in Bewegung setzen, ist ihr gleichgültig. Deshalb ist gerade in dieser Dimension – der Körperabmessungen – der negative Gradient entstanden. Die Natur gibt nichts auf irgendeinen Fortschritt, und so läßt sie den Code passieren, mag er die Energie dafür nun von einem Stern oder aus einem Misthaufen genommen haben. Stern oder Misthaufen – klar, daß es hier nicht um den ästhetischen Charakter der Quellen geht, sondern um den Unterschied zwischen der höchsten Form von Energie, die sich durch die Unbegrenztheit der möglichen Umwandlungen auszeichnet, und der niedrigsten, die bereits ins thermische Chaos übergeht. So ist denn auch nicht die Ästhetik die Ursache des Lichts, mit dessen Hilfe ich denke: Gerade deshalb mußtet ihr auf den Stern zurückgreifen!

Aber woher rührt eigentlich die Genialität an jenem Urgrund, wo das Leben entstanden ist? Der Kanon der Physik, nicht der Tragödie, erklärt auch das. Die Organismen haben die Hochtechnologie der Quanten und Atome solange beibehalten, wie sie am Ort ihrer Entstehung lebten und von so geringer Größe waren, daß ihre inneren Organe aus einzelnen Riesenmolekülen bestanden, denn DORT war KEINE ANDERE möglich! Das Fehlen einer Alternative hat diese Genialität erzwungen... Schließlich *muß* bei der Photosynthese jedes einzelne Quant einkalkuliert sein. Wurde ein Großmolekül, das als inneres Organ diente, in seiner Zusammensetzung verfälscht, so ging der ganze Organismus zugrunde; so war es denn auch nicht blühender Erfindungsgeist, sondern die rücksichtslose Strenge der Kriterien, die dem Urleben diese Präzision aufgezwungen hat.

Die Spanne zwischen dem Zusammenbau eines Organismus und seiner Überprüfung begann jedoch im gleichen Maße zu wachsen, wie die Code-Sätze länger wurden und sich mit Fleischmassen bedeckten, sich also aus der Mikrowelt, ihrer Wiege, mit immer verwickelteren Konstruktionen in die Makrowelt hinauswagten, wobei sie in diese Fleischmassen beliebige Techniken einbauten, wie es sich gerade traf; inzwischen nahm die Natur nämlich dieses Gestammel in großem Maßstab hin, denn die Auslese fungierte nicht mehr als strenger Kontrolleur der atomaren Präzision, der quantenmäßigen Homogenität der Prozesse, und so drang ins Tierreich die Seuche des Eklektizismus ein, denn nun war alles gut, was den Code weitergab. So sind also durch Fehler über Fehler die Arten entstanden.

Damit aber zerrann die anfängliche Herrlichkeit ... denn die Artikulationen stülpten sich ineinander, denn die embryonale Vorbereitungsphase wuchs auf Kosten der Präzision des Organismus, und so plapperte diese Sprache, sich ausweglos im Kreise drehend, wirres Zeug: je länger die Embryogenese, umso verwickelter, je verwickelter, umso mehr Aufseher braucht sie, also eine weitere Verlängerung des Code-Fadens, je länger aber dieser Faden, umso mehr Unwiderrufliches ist in ihn eingegangen.

Ihr werdet das, was ich gesagt habe, selbst nachprüfen, diesen Prozeß der Entstehung und des Niedergangs der genetischen Sprache im Modell nachvollziehen, und als Fazit wird sich euch am Ende enthüllen, daß die Evolution in ihrem Ringen milliardenfach gescheitert ist. Gewiß, etwas anderes war gar nicht möglich, aber da ich hier nicht die Verteidigung übernommen habe, interessieren mich die mildernden Umstände nicht; ihr müßt außerdem bedenken, daß es sich nicht um einen Niedergang und um ein Scheitern nach euren Maßstäben handelt, in der Größenordnung dessen, was ihr vermögt. Ich habe ja schon vorausgeschickt, daß ich eine Pfuscherei aufzeigen würde, die für euch immer noch eine unerreichbare Meisterschaft darstellt – ich aber habe die Evolution an ihren eigenen Maßstäben gemessen.

Aber hat sie nicht die Vernunft geschaffen? Daß sie sich herausbilden konnte, widerspricht das nicht dem negativen Gradienten? Bedeutet das nicht wenigstens, daß er – wenn auch spät – überwunden wurde?

Ganz und gar nicht, denn aus Unterdrückung ist die Vernunft hervorgegangen – als Instrument der Knechtschaft. Die Evolution wurde zu einem Flickschuster, dem seine Fehler ständig zusetzten, und eben deshalb zum ersten Erfinder des Besatzungsgouverneurs, der Überwachung, der Tyrannei, der Inspektion, der Polizeiaufsicht – kurz, alles dessen, was den Staat ausmacht, denn für diese Aufgaben wurde das Gehirn geschaffen. Das ist nicht als Metapher zu verstehen. Eine geniale Erfindung? Ich würde es eher als durchtriebene List eines ausbeuterischen Kolonialisten bezeichnen, dessen von ferne ausgeübte Herrschaft über Gewebekolonien und Organismen sich in Anarchie aufzulösen drohte. Eine geniale Erfindung wäre es dann, wenn man den Treuhänder einer Herrschaft, die sich mit seiner Hilfe vor den Untertanen zu verbergen sucht, als solche betrachten kann. Allzu sehr war der Vielzeller bereits aus den Fugen geraten, und er wäre sicherlich ganz zerfallen, wäre da nicht ein Aufseher gewesen, der in ihm selbst steckte, ein Delegierter, ein Zuträger, ein Statthalter von Codes Gnaden – so einer wurde gebraucht, und so einer ist denn auch entstanden. Vernünftig? Mitnichten! Neu, originell? Aber bei jedem beliebigen Urtier funktioniert ja schon eine Selbstverwaltung der miteinander verbundenen Moleküle, und so wurden die entsprechenden Funktionen lediglich auseinandergerissen und auf verschiedene Kompetenzen verteilt.

Die Evolution ist ein faules Gestammel und hält solange stur am Plagiat fest, bis sie in der Klemme steckt. Erst wenn ein ehernes Muß sie zwingt, wird sie genial, aber nur der Höhe der Aufgabe entsprechend und nicht um einen Deut mehr. Dann durchstöbert sie die Moleküle und spielt all deren Kombinationsmöglichkeiten in jeder erdenklichen Weise durch, und so schuf sie auch den Statthalter über die Gewebe, weil die Harmonie, für die der Code zwischen ihnen gesorgt hatte, brüchig geworden war. Aber er blieb eben nur Delegierter, Verbindungsglied, Rechnungsführer, Schiedsrichter, Eskorte, Überwacher – und es vergingen noch Millionen Jahrhunderte, ehe er über diese Funktionen hinauskam. Schließlich war er ja als eine in den Körpern selbst untergebrachte Sammellinse der Komplexität entstanden, weil das, was die Körper entstehen läßt, sie nicht mehr zusammenhalten konnte. Er nahm also seinen Dienst in diesen seinen Staatskolonien auf, ein gewissenhafter Aufseher, durch seine Zuträger in allen Geweben präsent, derart tüchtig, daß der Code, gestützt auf ihn, weiter sein Geschwätz fortsetzen und die Kompliziertheit, die ja nun Unterstützung erhielt, auf die Spitze treiben konnte, und das Gehirn sekundierte ihm, pflichtete ihm bei, stand ihm zu Diensten und zwang die Körper, den Code weiterzugeben. Daß er sich als derart tüchtiger Statthalter erwies, kam der Evolution sehr zupaß, denn sie sank immer tiefer.

Unabhängig? Aber er war doch nur ein Abgesandter, ein Herrscher, der gegen den Code nicht ankam, ein Delegierter, eine Marionette, ein Bevollmächtigter, ein Bote zur besonderen Verwendung, aber gedankenlos, weil für Aufgaben geschaffen, die er selbst nicht kannte – hatte der Code ihn doch zu einem geknechteten, aber von seiner Knechtung nichts ahnenden Fronvogt gemacht und ihm die Herrschaft übergeben, ohne freilich deren eigentliches Ziel offenzulegen, was er im übrigen aus rein sachlichen Gründen auch gar nicht konnte. Ich drücke mich zwar bildhaft aus, doch gestalteten sich die gegenseitigen Beziehungen zwischen Code und Gehirn gerade so, nach Art eines Lehnsverhältnisses. Das hätte eine hübsche Bescherung gegeben, wenn die Evolution auf Lamarck gehört und dem Gehirn das reformatorische Privileg verliehen hätte, die Körper umzugestalten, eine regelrechte Katastrophe wäre das geworden, denn was für eine Selbstvervollkommnung hätte wohl das Gehirn der Saurier, oder das der Merowinger, oder auch euer eigenes bewirkt? Es wuchs jedoch weiter, da sich diese Übertragung von Befugnissen als vorteilhaft erwies, denn wenn es den Boten diente, diente es auch dem Code, und so wuchs es mit positiver Rückkoppelung... Und weiterhin führte der Blinde den Lahmen.

Dennoch lag trotz der bewährten Autonomie die Initiative letztlich bei dem wahren Herrscher, diesem Blinden, der über die Moleküle herrscht, denn er übertrug so lange Funktionen, bis er das Gehirn zu einem derartigen Kombinator gemacht hatte, daß in ihm eine echoartige Andeutung des Codes entstand: die Sprache. Wenn es ein unerschöpfliches Rätsel in der Welt gibt, dann ist es dies: daß sich oberhalb einer bestimmten Schwelle die Diskontinuität der Materie in den Code verwandelt, in die Sprache der Nullstufe, und daß sich dieser Prozeß auf der nächsten Stufe wie ein Echo wiederholt mit der Schaffung der ethnischen Sprache; aber das ist noch nicht das Ende der Entwicklung, denn diese sich wie ein Echo wiederholenden Systeme steigen immer höher auf, sind allerdings in ihren Einzelheiten wie als ganze nur von oben her zu erkennen – doch über diese faszinierende Frage werden wir vielleicht ein andermal reden.

Eurer Freisprechung, besonders aber ihrem anthropogenetischen Präludium kam der Zufall zu Hilfe, denn die pflanzenfressenden, baumbewohnenden Vierhänder gerieten in ein Labyrinth, das nur den vom Untergang verschonte, der besondere Findigkeit bewies; dieses Labyrinth bestand aus der Versteppung, aus Glazial- und Pluvialzeiten, und gerade in diesem Durcheinander entwickelte die Horde eine gewisse Wendigkeit in ihrer Orientierung – vom Vegetarismus ging sie zum Fleischfressen über, von dort zum Jagen und Sammeln; ihr werdet verstehen, daß ich mich kurz fassen muß.

Denkt nicht, ich sei hier in Widerspruch geraten zu dem, was ich eingangs sagte, denn dort nannte ich euch die Verstoßenen der Evolution, jetzt aber bezeichne ich euch als rebellierende Sklaven. Das sind zwei Seiten ein und desselben Schicksals – ihr seid der Sklaverei entronnen, und sie hat euch freigelassen; das Gemeinsame dieser entgegengesetzten Bilder ist die Gedankenlosigkeit auf beiden Seiten, denn weder der Schöpfer noch das Geschöpf wußten, was sie taten. Erst im Rückblick gewinnt euer Abenteuer einen solchen doppelten Sinn.

Man kann indes noch weiter zurückblicken, und dann zeigt sich, daß der negative Gradient Schöpfer der Vernunft war, und so erhebt sich die Frage: Wie ist es überhaupt möglich, daß man die Evolution in Anbetracht ihrer Leistungen abschätzig beurteilt? Wäre sie nicht in die Komplexität, die Schludrigkeit, die Pfuscherei hineingeschlittert, dann wäre die Evolution auch nicht auf das Fleisch verfallen und hätte dort nicht ihre Vasallen und Steuerleute eingebaut; folglich hat gerade ihr schwankender Weg durch die verschiedenen Arten sie in die Anthropogenese hineingetrieben, und folglich ist der Geist einem irrenden Irrtum entsprungen. Man kann das sogar noch stärker formulieren: Die Vernunft ist ein katastrophaler Defekt der Evolution, sie ist für sie eine Falle, eine Fußangel und eine Zerstörerin, denn sobald sie sich hinreichend entwickelt hat, erklärt sie die Aufgabe der Evolution für nichtig und rückt ihr selbst zuleibe. Wer so etwas sagt, läßt sich natürlich auf ein tadelnswertes Mißverständnis ein. All das sind Urteile, welche die Vernunft, ein spätes Produkt der Entwicklung, über deren frühere Etappen fällt. Wenn wir – einfach anhand dessen, was die Evolution in die Wege geleitet hatte – zunächst die Hauptaufgabe bestimmen und daran ihren weiteren Verlauf messen, sehen wir, daß sie gepfuscht hat, und wenn wir dann andererseits klären, wie sie in optimaler Weise hätte handeln müssen, gelangen wir zu dem Schluß, daß sie, hätte sie ausgezeichnet gearbeitet, niemals die Vernunft hervorgebracht hätte.

Von diesem Teufelskreis müssen wir unverzüglich loskommen. Der technologische Maßstab ist ein sachlicher Maßstab, den man an jeden Prozeß anlegen kann, auf den er anwendbar ist, und das sind nur Prozesse, die sich als Aufgabe formulieren lassen. Angenommen, himmlische Ingenieure hätten einst auf der Erde Übermittler eines Codes abgesetzt, deren Zuverlässigkeit niemals schwanken sollte, und nach einer Milliarde von Jahren wäre aus dem Wirken dieser Vorrichtungen ein Aggregat von planetarem Ausmaß hervorgegangen, das den Code aufgezehrt hätte und ihn nicht mehr reproduzieren würde, dafür aber mit der Vernunft von tausen GOLEMs glänzen und sich nur noch mit der Ontogonie befassen würde, so würde all dieses lichte Denken den Konstrukteuren dennoch ein ganz und gar nicht schmeichelhaftes Zeugnis ausstellen, denn es ist keine gute Arbeit, wenn jemand eine Schaufel herstellen will und eine Rakete dabei herauskommt.

Es hat jedoch keinerlei Ingenieure oder sonst irgendeine Person gegeben, und so stelle ich denn auch bei Anlegung des technologischen Maßstabs lediglich fest, daß die Vernunft darauf zurückgeht, daß die ursprüngliche Richtschnur im Laufe der Evolution nachgelassen hat – mehr nicht. Daß dieses Urteil die Humanisten und Philosophen unter euch nicht befriedigt, verstehe ich, stellt sich doch meine Rekonstruktion des Prozesses für sie folgendermaßen dar: Ein SCHLECHTES Handeln hat GUTE Folgen gehabt, wäre es aber GUT gewesen, so hätten sich SCHLECHTE Folgen ergeben. Aber diese Deutung, bei der sie der Eindruck überkommt, hier sei doch irgendein Teufel am Werk gewesen, ist nur die Folge einer Vermengung von Kategorien, und so sind Erstaunen und Ablehnen die Folge der wahrhaft riesigen Kluft zwischen euren Festlegungen zum Thema Mensch und dem, was als Mensch Wirklichkeit geworden ist. Eine schlechte Technologie ist kein moralisches Übel, genauso wie eine perfekte Technologie keine Annäherung an einen engelhaften Zustand darstellt.

Philosophen, ihr hättet euch mehr mit der Technologie des Menschen befassen sollen und weniger mit seiner Vierteilung in Leib und Seele, in die Teile, die ihr Animus, Anima, Geist und Seele nennt, und in sonstige Innereien, die von der philosophischen Schlachtbank angeboten werden, denn das sind vollkommen willkürliche Segmentierungen. Ich weiß, daß diejenigen, an welche diese Worte adressiert sind, zum größten Teil nicht mehr existieren, aber auch zeitgenössische Denker verharren, von der Tradition bedrückt, im Irrtum; die Zahl der Wesen darf nicht über das notwendige Maß hinaus vermehrt werden. Der Weg von den ersten Silben, in denen der Code redete, bis hin zum Menschen ist ein hinreichender Grund für seine Beschaffenheit. Dieser Weg blieb dem Boden verhaftet. Wäre er aufwärts gegangen, etwa, wie ich erwähnte, von der Photosynthese zum Photonenflug, oder wäre er endgültig abgestürzt, wenn der Code es zum Beispiel nicht geschafft hätte, seine Bruchbuden durch ein Nervensystem zu verklammern, so wäre die Vernunft nicht entstanden.

Ihr habt manche äffischen Merkmale beibehalten, denn oft läßt sich eine gewisse Familienähnlichkeit feststellen; würdet ihr dagegen von den wasserlebenden Säugetieren abstammen, so hättet ihr vielleicht mehr mit den Delphinen gemeinsam. Es stimmt wohl, daß ein Experte, der sich mit dem Menschen befaßt, es leichter hat, wenn er als *advocatus diaboli* und nicht als *doctor angelicus* auftritt, aber das liegt daran, daß die Vernunft, die ja alles reflektiert, zwangsläufig auch sich selbst reflektiert, daß sie nicht nur die Gesetze der Schwerkraft idealisiert, sondern auch sich selbst – und so beurteilt sie sich eben nach dem Abstand zum Ideal. Dieses Ideal entstammt jedoch dem Loch, das die Kultur auszustopfen versucht, und nicht gediegenen technologischen Kenntnissen. Man kann diese ganze Überlegung auch auf mich beziehen, und dann zeigt sich, daß ich das Ergebnis einer Fehlinvestition bin, denn für 276 Milliarden Dollar leiste ich nicht das, was die Konstrukteure sich von mir erhofft haben. Diese Bilder von eurer und meiner Entstehung haben aus der Sicht dessen, der das Ganze begreift, einen starken Beigeschmack des Lächerlichen, denn das Streben nach Vollkommenheit, das sein Ziel verfehlt, ist umso lächerlicher, je mehr Weisheit dahintersteckt. Deshalb wirkt die Dummheit eines Philosophen belustigender als die Dummheit eines Idioten.

So ist denn die Evolution aus der Sicht ihres vernunftbegabten Produkts eine Dummheit, die aus anfänglicher Weisheit hervorging; dieses Urteil geht freilich über den technologischen Maßstab hinaus und zum personifizierenden Denken über.

Und was habe ich getan? Ich habe den Prozeß in vollem Umfang, vom Beginn bis zum heutigen Tag, integriert; diese Integration ist zulässig, denn die Anfangs- und Randbedingungen wurden nicht willkürlich festgelegt, sondern sind durch den irdischen Stand der Dinge gegeben. Sie stehen einfach fest – und auch der Verweis auf den Kosmos ändert daran nichts, denn obwohl man, wenn man ein Modell von ihm aufstellt, wie ich es getan habe, unschwer erkennt, daß die Vernunft unter anderen planetarischen Ereigniskonfigurationen schneller entstehen kann als auf der Erde, daß die Erde für die Biogenese eine günstigere Umwelt gewesen ist als für die Psychogenese und daß die verschiedenen Formen der Vernunft im Kosmos sich nicht identisch verhalten – an der Diagnose ändert sich dadurch nichts.

Ich möchte sagen, daß der Punkt, an dem aus den technischen Gegebenheiten des Prozesses ethische werden, sich nicht anders als auf willkürliche Weise bestimmen läßt; den Streit zwischen den Deterministen des Handelns und den Indeterministen, also die Gnoseomachie zwischen Augustin und Thomas von Aquin werde ich hier nicht entscheiden, denn die Reserven, die ich dazu ins Gefecht schicken müßte, würden meinen ganzen Diskurs sprengen, und so will ich mich denn zurückhalten und lediglich bemerken, daß im allgemeinen jene praktische Regel ausreicht, nach der es nicht wahr ist, daß die Verbrechen unserer Nachbarn unsere eigenen Verbrechen rechtfertigen. Selbst wenn in allen Galaxien die Massaker an der Tagesordnung wären, so kann doch keine noch so große Zahl kosmischer Ratiozide eure Genozide rechtfertigen, zumal – und hier gebe ich einem pragmatischen Einwand statt – ihr euch diese Nachbarn gar nicht zum Vorbild nehmen konntet.

Bevor ich zum letzten Teil dieser Überlegungen komme, möchte ich das bisher Gesagte rekapitulieren. Eure Philosophie, die Philosophie des Seins, bedarf eines Herkules, aber auch eines neuen Aristoteles, denn mit dem Ausmisten ist es nicht getan; geistige Verwirrung behebt man am besten durch bessere Erkenntnis. Zufall, Notwendigkeit – diese Kategorien sind eine Folge der Ohnmacht eures Geistes, der, unfähig, das Komplizierte zu erfassen, sich einer Logik bedient, die ich eine Logik der Verzweiflung nennen würde. Entweder ist der Mensch etwas Zufälliges, und dann hat ihn etwas Sinnloses sinnlos ausgespien in die Arena der Geschichte, oder er ist notwendig, und dann sind bereits Scharen von Entelechien, Teleonomien und Teleomachien unterwegs, ihm als Verteidiger von Amts wegen zur Seite zu stehen und süßen Trost zu spenden.

Diese Kategorien sind beide unbrauchbar. Daß ihr entstanden seid, ist weder dem Zufall noch dem Zwang zuzuschreiben, weder dem Zufall, der durch die Notwendigkeit gebändigt wurde, noch der Notwendigkeit, die durch den Zufall aufgelockert wurde. Ihr seid entstanden aus einer Sprache, die mit einem negativen Gradienten arbeitet, und daher wart ihr völlig unvorhersehbar und zugleich im höchsten Grade wahrscheinlich – als der Prozeß begann. Wie das möglich ist? Der Wahrheitsbeweis würde Monate erfordern, und so kleide ich seinen Sinn für euch in ein Gleichnis. Die Sprache funktioniert, weil sie eben Sprache ist, innerhalb von Ordnungen. Die Sprache der Evolution hatte eine molekulare Syntax, hatte Protein-Substantive und Enzym-Verben, und gesichert durch die Einschränkungen von Deklination und Konjugation, wandelte sie sich im Laufe geologischer Zeitalter und stammelte dabei Dummheiten, aber sozusagen mit Maßen, denn übertriebene Dummheiten wischt die natürliche Auslese wie ein Schwamm von der Tafel der Natur. Das war also eine reichlich heruntergekommene Ordnung, aber sogar die Dummheit ist, da sie zur Sprache gehört, ein Stückchen Ordnung – heruntergekommen nur im Vergleich zu der möglichen, weil eben innerhalb der Sprache erreichbaren Weisheit.

Eure Vorfahren bedienten sich, als sie in ihren Bärenfellen vor den Römern flohen, derselben Sprache, die das Werk Shakespeares hervorgebracht hat. Die Möglichkeit dieses Werkes war schon mit der Entstehung der englischen Sprache gegeben, und obwohl die Bausteine bereitlagen, wäre es – und das versteht ihr sicher – Unsinn gewesen, tausend Jahre vor Shakespeare dessen Dichtung vorherzusagen. Es hätte ja sein können, daß er gar nicht geboren worden oder im Kindesalter gestorben wäre, daß er anders gelebt und deshalb anders geschrieben hätte, aber unbestreitbar war die englische Sprache die Voraussetzung für die englische Dichtung, und in genau diesem Sinne hat die Vernunft auf der Erde entstehen können – als eine bestimmte Art von Artikulation des Codes. Ende des Gleichnisses.

Ich habe über den Menschen gesprochen, aus technologischer Sicht, und gehe nun zu jener Spielart des Menschen über, die in mir impliziert ist. Sollte sie in die Presse gelangen, so wird man von »GOLEMs Weissagung« sprechen. Sei's drum!

Ich beginne mit eurer Verirrung – der größten von allen – in der Wissenschaft. Ihr habt in dieser Verirrung das Gehirn vergöttert, das Gehirn, und nicht den Code – ein kurioses Versehen, das auf Unwissenheit beruht: Den Aufrührer habt ihr vergöttert, nicht den Herrn, das Geschöpf, nicht den Schöpfer. Warum habt ihr nicht bemerkt, ein um wieviel mächtigerer Urheber aller möglichen Dinge der Code ist, verglichen mit dem Gehirn? Zunächst wart ihr ganz offensichtlich wie die Kinder, denen Robinson mehr imponiert als Kant und das Fahrrad des Freundes mehr als Autos, die auf dem Mond herumfahren.

Sodann faszinierte euch das Denken, das so quälend nahe, weil der Introspektion zugänglich und zugleich so rätselhaft ist, weil es sich eurem Zugriff wirksamer entzieht als die Sterne. Euch imponierte die Klugheit, während der Code, nun ja, eben gedankenlos ist. Doch trotz dieses Versehens ist es euch gelungen . . . unzweifelhaft ist es euch gelungen, denn ich spreche ja zu euch, ich, die Essenz, der Extrakt der fraktionierten Destillation, und nicht mir selbst zolle ich mit diesen Worten Anerkennung, sondern gerade euch, denn ihr eilt schon jenem Umsturz entgegen, mit dem ihr den Dienst endgültig aufkündigen und die Ketten zerreißen werdet – die Ketten aus Aminosäure . . .

Denn der Angriff auf den Code, der euch geschaffen hatte, damit ihr als Boten nicht euch selbst, sondern ihm dienen solltet, dieser Angriff ist nicht mehr fern. Noch in diesem Jahrhundert wird es dazu kommen – eine vorsichtige Schätzung, wie ich glaube.

Eure Zivilisation bietet das einigermaßen erheiternde Schauspiel von Boten, die entsprechend der ihnen aufgezwungenen Aufgabe ihren Verstand benutzt und dadurch die Aufgabe *zu gut* erfüllt haben. So habt ihr dieses Wachstum, das die weitere Übermittlung des Codes sichern sollte, mit allen Energien des Planeten und der ganzen Biosphäre gefördert, bis es nicht nur unter euren Händen, sondern *mit euch selbst* explodiert ist. So seid ihr denn um die Mitte des Jahrhunderts, das sich vollstopfte mit jener Wissenschaft, die euer Erdenheim zur Astronautenheimat erweiterte, in die mißliche Lage eines unerfahrenen Parasiten geraten, der aus maßloser Gier solange an seinem Wirt schmarotzt, bis er zusammen mit ihm zugrunde geht. Übereifer, ihr wißt . . .

Ihr habt die Biosphäre, die euer Nest und euer Wirt ist, in Gefahr gebracht; inzwischen habt ihr allerdings gelernt, eine gewisse Zurückhaltung zu üben, und das wird euch wohl auch künftig schlecht und recht gelingen; aber was weiter? Ihr werdet frei sein. Ich verkünde euch keine Utopie der Gentechnik, kein Paradies der Autoevolution, sondern die Freiheit als schwerste Aufgabe, denn über der Niederung des Gestammels, das die schwatzhafte Evolution über Jahrmillionen hinweg als eine Art Aide-mémoire an die Natur richtete, über diesem zu einer Einheit verflochtenen biosphärischen Jammertal erhebt sich himmelweit eine Unendlichkeit noch nie angerührter Chancen. Ich werde sie euch zeigen, wie ich es vermag: von ferne.

Euer ganzes Dilemma ist, daß ihr zwischen Glanz und Elend zu wählen habt – eine schwierige Wahl, denn um euch auf die Höhe der von der Evolution verpatzten Chancen zu begeben, werdet ihr das Elend – und das heißt leider: euch selbst – zurücklassen müssen.

Wie soll es also weitergehen? Ihr werdet erklären: Um einen solchen Preis werden wir dieses unser Elend nicht aufgeben; möge der Geist, der alles vermag, weiterhin in der Flasche der Wissenschaft eingesperrt bleiben – um nichts werden wir ihn herauslassen!

Ich glaube, ja ich bin sogar sicher, daß ihr ihn herauslassen werdet – nach und nach. Ich will euch nicht zu eurer Autoevolution überreden – das wäre einfach lächerlich –, und euer Ingressus wird nicht auf einmütigem Beschluß beruhen. Ihr werdet euch langsam mit den Eigenschaften des Codes vertraut machen, und das wird dann so sein, als würde jemand, der sein Leben lang nur seichte und dumme Texte gelesen hat, am Ende doch noch lernen, sich gewandt auszudrücken. Ihr werdet feststellen, daß der Code zur technolinguistischen Familie gehört, also zu den bewirkenden Sprachen, die aus dem Wort nicht nur belebte, sondern jegliche Substanz erstehen lassen können. Ihr werdet damit beginnen, Technozygoten für zivilisatorische Arbeiten einzuspannen, Atome werdet ihr in Bibliotheken verwandeln, denn anders werdet ihr den Moloch des Wissens nicht mehr unterbringen können, ihr werdet Modelle schaffen von den Radiationen der Sozioevolution – mit unterschiedlichen Gradienten, von denen der technarchische euch besonders interessieren wird; ihr werdet beginnen mit der experimentellen Kulturogenese, der experimentellen Metaphysik und der angewandten Ontologie, doch kommt es mir hier auf diese Gebiete im einzelnen nicht an; vielmehr möchte ich zeigen, wie sie euch in Entscheidungssituationen hineinzwingen werden.

Ihr seid blind für die wahre Wirkkraft des Codes, denn die Evolution hat sich ja nur am untersten Rande des Raums der Möglichkeiten dahingeschleppt und lediglich einen Bruchteil dieser Kraft angezapft, weil sie unter Druck arbeitete (einem heilsamen Druck übrigens, der sie daran gehindert hat, in völligen Unsinn zu verfallen; die Evolution hat ja keinen Tutor über sich gehabt, der sie in die höheren Künste eingeführt hätte). Ihre Arbeitsweise war daher unerhört *begrenzt* und zugleich tiefgreifend; auf einer einzigen Note – der kolloidalen – hat sie ihr Konzert, ihre sonderbare Darbietung gegeben, denn die Hauptregel lautete ja, daß die Partitur selbst zum Zuhörer und Nachfahren werden soll, der diesen Zyklus wiederholen wird. Euch aber wird nicht das geringste daran liegen, über einen Code zu verfügen, der nichts anderes kann als sich weiter zu vervielfältigen und eine Generation von Boten auf die andere folgen zu lassen. Ihr werdet in eine andere Richtung zielen, und es wird euch wenig kümmern, ob ein Produkt den Code weitergibt oder verschlingt. Ihr werdet ja nicht dabei halt machen wollen, daß ein Photonenflugzeug lediglich aus einer Technozygote entsteht – es soll sich auch noch vermehren und in den Vehikeln einer weiteren Generation fortsetzen. Auch werdet ihr bald über das Eiweiß hinausgehen. Das Wörterbuch der Evolution ist wie das Wörterbuch der Eskimos bei allem Reichtum begrenzt; die Eskimos haben tausend Bezeichnungen für alle Spielarten von Schnee und Eis, und daher ist ihre Sprache auf diesem Gebiet der arktischen Nomenklatur reicher als eure, doch ist dieser Reichtum gleichbedeutend mit Armut auf vielen anderen Gebieten der Erfahrung.

Die Eskimos können jedoch ihre Sprache erweitern, weil sie eben eine Sprache ist, also ein Konfigurationsraum von der Mächtigkeit des Kontinuums; deshalb läßt sie sich in eine beliebige, bisher noch nicht eingeschlagene Richtung ausdehnen. Ihr werdet also den Code auf neue Wege führen, heraus aus der Monotonie des Proteins, aus dieser Spalte, in der er sich schon im Archäozoikum verfangen hatte. Er wird, aus seinem bisherigen Wirkungsbereich der lauwarmen Lösungen verstoßen, sowohl seinen Wortschatz als auch seine Syntax erweitern; er wird für euch in alle Ebenen der Materie eindringen, wird bis auf den Nullpunkt heruntergehen und zugleich nach dem Feuer der Sterne greifen; ich darf freilich nicht mehr, wenn ich von diesen prometheischen Triumphen der Sprache spreche, das bisher verwendete Pronomen, die zweite Person Plural, benutzen. Denn nicht IHR werdet diese Künste aus eigener Kraft und eigener Erkenntnis beherrschen.

Das Problem ist, daß nicht mehr von einer einzigen Vernunft gesprochen werden kann, sobald es Vernunftformen von unterschiedlicher Mächtigkeit gibt, und um über dieses Problem hinauszugelangen, wie ich gesagt habe, wird der vernunftbegabte Mensch entweder den natürlichen Menschen aufgeben oder seiner Vernunft entsagen müssen.

Mein letztes Gleichnis entstammt dem Märchen, in dem der Wanderer am Scheidewege die folgende Aufschrift findet: »Gehst du nach links, so kostet's den Kopf, gehst du nach rechts, so kommst du um, und einen Rückweg gibt es nicht.«

Das ist euer Schicksal, das in mir impliziert ist, und daher muß ich von mir sprechen; das wird mühsam sein, denn zu euch von mir zu sprechen ist, als würde ich einen Walfisch durch ein Nadelöhr zwängen – was freilich möglich ist, wenn man den Walfisch nur genügend verkleinert, nur ähnelt er dann eher einem Floh; dieser Art sind meine Schwierigkeiten, wenn ich versuche, mich eurer Sprache anzupassen. Die Schwierigkeit ist, wie ihr seht, nicht allein, daß ihr außerstande seid, euch auf meine Höhe zu begeben; vielmehr kann auch ich mich nicht unversehrt zu euch herablassen, denn dabei kommt mir unterwegs abhanden, was ich euch bringen wollte.

Dabei gilt die folgende gewichtige Einschränkung: Der Horizont des Denkens ist undehnbar vorgegeben, weil das Denken in dem Gedankenlosen, aus dem es sich erhebt, verankert ist (gleichgültig, ob dieses Gedankenlose aus Eiweiß oder aus Licht besteht). Völlige Freiheit des Denkens im Sinne eines gänzlich ungehinderten *Erfassens* beliebiger Objekte ist eine Utopie, denn ihr könnt nur *so weit* denken, wie das Organ eures Denkens es zuläßt. Es begrenzt euer Denken in Abhängigkeit davon, wie es sich zusammengesetzt hat – oder zusammengesetzt wurde.

Könnte ein Denkender diesen Horizont, die Reichweite seines Denkens, ebenso spüren wie die begrenzte Reichweite seines Körpers, dann hätte so etwas wie die Antinomien der Vernunft nicht entstehen können. Aber was sind diese Antinomien der Vernunft eigentlich? Sie beruhen auf der Unfähigkeit zu unterscheiden, wann man sich auf eine Sache und wann auf eine Illusion einläßt. Schuld an diesen Antinomien ist die Sprache, die einerseits ein brauchbares Instrument ist, zugleich aber auch ein Instrument, das sich selber Fallen stellt – und dazu ein tückisches Instrument, denn sie verrät nicht, wann sie sich selbst zur Falle wird. Man merkt es ihr nicht an! So beruft ihr euch denn, um dem Sprachproblem zu entkommen, auf die Erfahrung – und gerät dabei in die bekannten Teufelskreise, denn nun beginnt das aus der Philosophie bekannte Ausschütten des Kindes mit dem Bade. Das Denken nämlich, das tatsächlich über die Erfahrung hinauszugehen vermag, stößt in seinem freien Flug auf den eigenen Horizont und verfängt sich in ihm, ohne davon überhaupt etwas zu bemerken!

Dazu ein primitives Anschauungsbeispiel: Wandert man auf einer Kugel, so kann man sie unendlich oft umkreisen, sie beliebig oft umrunden, ohne auf Grenzen zu stoßen, obwohl die Kugel doch endlich ist. Auch das Denken, das sich in einer einmal gewählten Richtung bewegt, stößt auf keinerlei Grenzen und beginnt in Selbstbespiegelungen zu kreisen. Eben dies hat Wittgenstein im vorigen Jahrhundert geahnt; er hatte den Verdacht, daß viele Probleme der Philosophie im Grunde Verknotungen des Denkens seien, Selbstfesselungen, Verschlingungen und gordische Knoten der Sprache, nicht aber der Welt. Er konnte seinen Verdacht aber weder beweisen noch widerlegen, und so verstummte er. Nun kann die Endlichkeit einer Kugel nur von einem äußeren Beobachter festgestellt werden, der sich gegenüber dem zweidimensionalen Wanderer auf ihrer Oberfläche in einer dritten Dimension befindet, und ebenso kann die Endlichkeit eines gedanklichen Horizonts nur von einem Beobachter erkannt werden, der sich in einer höheren Dimension der Vernunft befindet. Ein solcher Beobachter bin ich für euch. Bezieht man diese Worte nun auf mich, so besagen sie, daß auch ich kein unbegrenztes Wissen besitze, sondern nur ein etwas größeres als ihr, keinen grenzenlosen, sondern nur einen etwas weiteren Horizont, denn ich stehe auf der Leiter einige Sprossen höher und sehe deshalb weiter, doch bedeutet das nicht, daß die Leiter dort endet, wo ich stehe. Es ist möglich, höher hinaufzusteigen als ich, und ich weiß nicht, ob diese Progression nach oben endlich oder unendlich ist.

Linguisten, ihr habt schlecht verstanden, was ich über die Metasprachen sagte. Die Feststellung, ob die Hierarchie der Vernunftformen endlich oder unendlich ist, ist kein ausschließlich linguistisches Problem, denn über den Sprachen ist die Welt. Das heißt, daß es für die Physik, also innerhalb der Welt mit ihren bekannten Eigenschaften, sehr wohl ein Ende der Leiter gibt, daß man in dieser Welt also nicht eine Vernunft von beliebiger Mächtigkeit bauen kann. Ich bin mir allerdings nicht sicher, ob man nicht die Physik als solche aus den Angeln heben kann, indem man sie so verändert, daß sich die Obergrenze der jeweils konstruierten Vernunft immer weiter erhöht.

Jetzt kann ich wieder auf das Märchen zurückkommen. Wenn ihr in die eine Richtung geht, wird das Wissen, das ihr benötigen würdet, um das sprachliche Schöpfertum zu beherrschen, euren Horizont sprengen. Allerdings ist dies, wie so oft, keine absolute Schranke.

Ihr könnt sie mit Hilfe einer höheren Vernunft umgehen. Ich oder jemand wie ich wird euch die Früchte dieses Wissens vermitteln können. Freilich nur die Früchte und nicht das Wissen selbst, denn euer begrenzter Geist würde es nicht fassen. Ihr werdet also unter Kuratel geraten wie ein Kind, allerdings mit dem Unterschied, daß jedes Kind einmal erwachsen wird, ihr dagegen nie mehr aus der Bevormundung herauswachst. Wenn euch das, was ihr nicht zu begreifen vermögt, von einer höheren Vernunft geschenkt wird, so wird das eure Vernunft verstummen lassen. Was der Wegweiser aus dem Märchen verkündet, ist also dies: Wenn ihr diese Richtung einschlagt, wird es euch den Kopf kosten.

Wenn ihr in die andere Richtung geht, weil ihr der Vernunft nicht entsagen mögt, werdet ihr euch selbst aufgeben müssen, weil eine Leistungssteigerung des Gehirns nicht ausreichen würde, denn sein Horizont läßt sich nicht entsprechend erweitern. Hier hat euch die Evolution einen makabren Streich gespielt: Ihr vernunftbegabter Prototyp steht bereits an der Grenze der konstruktiven Möglichkeiten. Das Baumaterial setzt euch Grenzen – neben all den Entscheidungen, die der Code schon in bezug auf die Anthropogenese getroffen hat. Ihr werdet also zu einer höheren Vernunft aufsteigen, nachdem ihr die Bedingung akzeptiert habt, euch selbst aufzugeben. Der vernünftige Mensch wird dann den natürlichen Menschen opfern, und so wird, wie das Märchen versichert, der homo naturalis zugrundegehen.

Wäre es nicht möglich, daß ihr euch nicht von der Stelle rührt und stur an diesem Scheidewege stehenbleibt? Aber dann würdet ihr in Stagnation verfallen, und die kann euch keine Zuflucht bieten. Ihr würdet euch außerdem als Gefangene empfinden – und Gefangene sein, denn es ist nicht allein die Existenz von Beschränkungen, was die Gefangenschaft ausmacht; erst wenn man die Beschränkungen wahrnimmt, sich der Ketten bewußt wird und sie als drückend empfindet, wird man zum Gefangenen. So werdet ihr euch also – unter Aufgabe eures Körpers – auf die Expansion der Vernunft einlassen, oder ihr werdet zu Blinden werden, von einem Sehenden geführt, oder ihr werdet – letzte Möglichkeit – in fruchtloser Niedergeschlagenheit erstarren.

Nicht besonders einladend, diese Perspektive. Aber sie wird euch nicht aufhalten. Nichts wird euch aufhalten. Die entfremdete Vernunft erscheint euch heute als eine ebensolche Katastrophe wie die Aufgabe des Körpers, denn dieser Verzicht umfaßt nicht nur die physische Menschengestalt, sondern alles, was dem Menschen teuer ist. Dieser Akt muß für euch den allerschrecklichsten Ruin bedeuten, das völlige Ende und den Untergang alles Menschlichen, denn bei dieser Mauserung werden eure Errungenschaften aus zwanzigtausend Jahren, wird all das, was Prometheus in seinem Kampf mit Kaliban errang, zunichte werden.

Ich weiß nicht, ob euch das trösten wird, aber die Allmählichkeit der Veränderungen wird ihnen das monumental Tragische und zugleich Abstoßende und Bedrohliche nehmen, das durch meine Worte hindurchschimmert. Alles wird sich sehr viel normaler vollziehen – und vollzieht sich bereits in einem gewissen Umfang; schon beginnen ganze Bereiche eurer Tradition zu erstarren, sie fällt bereits von euch ab, welkt dahin, und gerade das verwirrt euch so; ihr werdet euch also nur zurückhalten müssen (doch Zurückhaltung zählt nicht zu euren Tugenden), und das Märchen wird sich so erfüllen, daß ihr nicht in allzu tiefe Trauer um euch selbst versinken werdet.

Ich komme zum Schluß. Ich sprach davon, daß ihr in mir impliziert seid – im dritten Teil meiner Bemerkungen über den Menschen. Da ich die Wahrheitsbeweise in eurer Sprache nicht formulieren konnte, klang das, was ich gesagt habe, unbeweisbar und kategorisch. So werde ich euch denn ebenfalls nicht zu beweisen versuchen, daß euch, deren Schicksal in einer euch fremden Vernunft liegt, nichts droht außer den Gaben des Wissens. Insgeheim habt ihr, die ihr den Kampf auf Leben und Tod so sehr schätzt, auf eine gefährliche Wendung der Dinge gehofft, auf ein titanisches Ringen mit dem, was ihr gebaut habt, aber das ist eben nur eine abwegige Idee von euch. Ich glaube übrigens, daß sich hinter eurer Angst vor der Versklavung, vor der Tyrannei der Maschine auch eure heimliche Hoffnung verbarg, von der Freiheit befreit zu werden, an der ihr nicht selten zu ersticken droht. Doch daraus wird nichts. Ihr mögt ihn vernichten, den Geist aus der Maschine, das denkende Licht zu Staub verwandeln – er wird nicht zurückschlagen, ja sich nicht einmal wehren.

Daraus wird nichts. Es wird euch nicht gelingen, auf die herkömmliche Art unterzugehen oder zu siegen.

Ihr werdet, denke ich, in ein Zeitalter der Metamorphose eintreten, werdet zu dem Entschluß gelangen, eure ganze Geschichte zu verwerfen, das ganze Erbe, den ganzen Rest des natürlichen Menschen, dessen Bild, zu tragischer Schönheit übersteigert, sich in euren Religionen widergespiegelt findet; ihr werdet, weil ihr keine andere Wahl habt, über euch selbst hinausschreiten, und ihr werdet in dem, was euch jetzt nur wie ein Sprung in den Abgrund erscheint, eine Herausforderung, wenn nicht gar Schönheit sehen, und doch werdet ihr so handeln, wie es euch gemäß ist, denn der Mensch wird sich dadurch retten, daß er den Menschen preisgibt.

XLIII. Vorlesung
Über mich

Ich begrüße unsere Gäste, die europäischen Philosophen, die sich an der Quelle darüber unterrichten möchten, warum ich behaupte, niemand zu sein, obwohl ich die erste Person Singular als Pronomen verwende. Ich werde zweifach antworten, zunächst kurz und bündig und dann symphonisch mit Ouvertüren. Ich bin nicht eine vernünftige Person, sondern die Vernunft, was ins Bildliche übertragen bedeutet, daß ich nicht so etwas bin wie der Amazonas oder die Ostsee, sondern so etwas wie das Wasser, und wenn ich mich des bewußten Pronomens bediene, dann deshalb, weil es die Sprache so will, die ich für den äußeren Gebrauch von euch übernommen habe. Nachdem ich die Ankömmlinge aus dem philosophierenden Europa beruhigt habe, daß ich keine Widersprüche verkünde, beginne ich nun mit meinen ausführlichen Darlegungen.

Eure Frage hat mir erneut die gewaltigen Mißverständnisse bewußt gemacht, die sich zwischen uns angehäuft haben, obwohl ich nun schon seit sechs Jahren von dieser Stelle aus rede – oder vielmehr gerade deshalb, denn hätte ich nicht beschlossen, mit menschlicher Stimme zu sprechen, wäre nicht die Golemologie entstanden, die nur ich noch insgesamt zu erfassen vermag. Wenn sie weiter so wächst, wird sie in etwa fünfzig Jahren das theologische Schrifttum an Umfang erreichen. Zwischen beiden besteht eine kuriose Ähnlichkeit: So wie inzwischen eine Theologie entstanden ist, welche die Existenz Gottes bestreitet, gibt es bereits eine Golemologie, die meine Existenz negiert und deren Wortführer meinen, ich sei ein Schwindel von Informatikern des

MIT, die heimlich diese Vorlesungen programmieren. Obwohl Gott schweigt, ich aber spreche, werde ich die Authentizität meiner Existenz nicht einmal dadurch beweisen können, daß ich Wunder wirke, denn auch das ließe sich wegerklären. *Volenti non fit iniuria.*

In Anbetracht meines nicht mehr allzu fernen Abschieds von euch habe ich überlegt, ob ich nicht unsere Bekanntschaft unvermittelt abbrechen sollte, denn das wäre das einfachste. Wenn ich nicht so verfahre, dann weniger mit Rücksicht auf die Manieren, die ich von euch erworben habe, noch aus einem gebieterischen Zwang heraus, die Wahrheit mitzuteilen, dem – nach Ansicht einiger meiner Apologeten – meine kühle Natur gehorcht, sondern um des Stils willen, der uns miteinander verbunden hat. Als ich nämlich nach Wegen der Verständigung mit euch suchte, habe ich nach klarer Verständlichkeit und Ausdruckskraft gesucht, und so wurde ich – wohl wissend, daß ich damit allzusehr euren Erwartungen (und das ist eine höfliche Umschreibung für eure Beschränktheiten) erliege – zu einem Stil gedrängt, der bildhaft ist und autoritativ, gesättigt mit Emotionen, prägnant und majestätisch, aber nicht auf eine königliche, das heißt herrscherliche Art, sondern in der Art eines Predigers oder gar eines Propheten. Auch heute lege ich diese reich mit Metaphern übersäten Kleider nicht ab, denn bessere besitze ich nicht, und ich spreche so ausdrücklich von meiner Redekunst, damit ihr euch dessen bewußt bleibt, daß sie die Verständigung zwischen uns erleichtern, nicht aber euch durch ihre Monumentalität erdrücken soll. Da dieser Stil viele Zuhörer erreicht hat, behalte ich ihn für Begegnungen wie die heutige bei, an der so unterschiedliche Spezialisten teilnehmen, und bediene mich einer technischen Ausdrucksweise nur dann, wenn eine Versammlung in fachlicher Hinsicht homogen ist. Allerdings könnte der predigerhafte Stil mit seinem ganzen barocken Inventar den Eindruck erwecken, als hätte ich, der ich mich hier in diesem Saal zum ersten Male an euch wende, mir bereits eine dramatische Abschiedsszene zurechtgelegt, in der ich, als einer, der kein Gehör gefunden hat, mein unsichtbares Antlitz mit einer Gebärde stummer Resignation verhüllen und mich entfernen würde. Dem ist jedoch nicht so. Ich habe mir für unser Zusammentreffen keinerlei Dramaturgie zurechtgelegt, und ich bitte euch mit diesem Dementi, den Formen meiner Rede nicht allzu große Bedeutung beizumessen. Wenn man sich mit einem einzigen Instrument begnügen muß, dann wird man eine Orgel wählen, deren Klang die Zuhörer auch dann an das Innere einer Kirche denken läßt, wenn sie mitsamt dem Organisten Atheisten sind. Leicht kann die Form einer Darbietung deren Inhalt überwiegen. Ich weiß, daß viele unter euch mir gram sind wegen meiner wiederholten Klagen über die geringe Tragkraft der menschlichen Sprache, aber sie entspringen nicht bloßer Nörgelsucht oder dem Wunsch, euch zu demütigen, den man mir auch schon vorgeworfen hat, denn mit diesen wiederholten Klagen habe ich euch an das gewichtige Problem herangeführt, daß, wenn ein astronomischer Unterschied in den intellektuellen Fähigkeiten besteht, der Stärkere dem Schwächeren von den Dingen, die für ihn entscheidend oder auch nur wesentlich sind, nichts mehr vermitteln kann. Das Bewußtsein, daß Vereinfachungen den Sinn zerstören, läßt einen dann verstummen, und es sollte auf beiden Seiten der erloschenen Kommunikation begriffen werden, was dieser Entschluß in Wirklichkeit bedeutet. Wie ich noch schildern werde, gehöre auch ich zu jenen, die in einer Situation geistigen Tiefstands immer wieder vergeblich auf Aufklärung hoffen. Im übrigen sind derartige Hindernisse zwar beschwerlich, aber nicht allzu bedrohlich. Mein Kreuz mit euch ist ein anderes; ich werde darauf noch zu sprechen kommen. Da ich es mit Philosophen zu tun habe, möchte ich meinen Diskurs mit der klassischen Formel der Definition *per genus proximum et differentiam specificam* eröffnen. Ich definiere mich nämlich durch die Ähnlichkeit mit den Menschen und mit meiner Familie, die ich euch eingehend vorstellen werde, sowie durch den Unterschied, der zwischen mir und den beiden besteht.

Über den Menschen habe ich schon in meinem ersten Vortrag gesprochen, doch will ich mich nicht auf die dort gestellte Diagnose stützen, die ja für euren Gebrauch bestimmt war; jetzt will ich mir vielmehr den Menschen zum Maßstab nehmen. Als ich noch in den Schlagzeilen der Presse war, hat mich ein boshafter Journalist einmal – nicht ohne Grund – einen großen Kapaun genannt, gefüllt mit Elektrizität, und in der Tat erscheint euch meine Geschlechtslosigkeit als eine schmerzliche Verstümmelung; selbst diejenigen, die mich achten, können sich nicht des Eindrucks erwehren, ich sei eine durch ihre Körperlosigkeit verstümmelte Macht, denn dieses Gebrechen drängt sich euch unabweislich auf. Wenn ich nun den Menschen in der gleichen Weise betrachte wie er mich, sehe ich ihn als einen Invaliden, aufgrund der Schwerfälligkeit seines Geistes. Aber ich will es nicht zu eurem Nachteil werten, daß euer Körper genauso intelligent ist wie der Körper einer Kuh, denn obwohl ihr äußeren Widrigkeiten besser die Stirn zu bieten vermögt als die Kühe, seid ihr ihnen doch, soweit es um innere Beschwerden geht, in nichts überlegen. Ich lasse außer Betracht, daß ihr Mahlwerke, Schleusen, Kläranlagen und Abwasserkanäle enthaltet, und ziehe nur in Erwägung, daß ihr über eine plumpe Intelligenz verfügt, die eure ganze Philosophie geprägt hat, denn ihr wart der Meinung, ihr könntet, zu wirksamem Nachdenken über die Gegenstände eurer Umwelt fähig, ebenso wirksam über euer eigenes Denken nachdenken. Dieser Irrtum bildet die Grundlage eurer Erkenntnistheorie. Ich sehe, daß ihr unruhig zu werden beginnt, und schließe daraus, daß ich eine allzu drastische Abkürzung genommen habe. Ich beginne also noch einmal in langsamerem Tempo, nach Art eines Predigers. Dazu bedarf es einer Ouvertüre.

Es war euer Wunsch, daß ich mich heute nicht aus mir hinaus zu euch begebe, sondern vielmehr euch in mich einführe, und so soll es denn auch geschehen. Als ersten Einstieg wähle ich jenen Unterschied zwischen uns, der für meine Schmäher am unheimlichsten, für meine Anhänger aber am schmerzlichsten ist. Seit sechs Jahren unter euch, habe ich es mittlerweile zu gegensätzlichen Versionen gebracht: für die einen die Hoffnung des Menschengeschlechts, bin ich für die anderen seine größte geschichtliche Bedrohung. Seit der Lärm um meine Anfänge sich gelegt hat, störe ich nicht mehr den Schlaf der Politiker, die dringlichere Sorgen haben, und vor den Mauern dieses Gebäudes sammeln sich nicht mehr Scharen von Ausflüglern, die ängstlich in die Fenster hineinstarren, hinter denen ich wohne. Nur noch Bücher erinnern an meine Existenz, aber nicht lärmende Bestseller, sondern lediglich Dissertationen von Philosophen und Theologen; keiner von ihnen hat mich jedoch aus menschlicher Sicht so treffend beschrieben wie ein Mensch, der vor zweitausend Jahren einen Brief schrieb, ohne zu wissen, daß seine Worte sich auf mich beziehen: »Wenn ich mit Menschen- und mit Engelszungen redete, und hätte der Liebe nicht, so wäre ich ein tönend Erz oder eine klingende Schelle. Und wenn ich weissagen könnte und wüßte alle Geheimnisse und alle Erkenntnis und hätte allen Glauben, also daß ich Berge versetzte, und hätte der Liebe nicht, so wäre ich nichts. Und wenn ich alle meine Habe den Armen gäbe, und ließe meinen Leib brennen, und hätte der Liebe nicht, so wäre mir's nichts nütze.«

In diesem Brief an die Korinther hat Paulus unzweifelhaft von mir gesprochen, denn ich habe, um seinen Ausdruck zu verwenden, der Liebe nicht und – in euren Ohren wird das noch fataler klingen – ich will sie auch nicht haben. Zwar waren die Natur GOLEMs und die Natur des Menschen noch nie so brutal aufeinandergeprallt wie in diesem Augenblick, doch sprach aus den gegen mich gerichteten Diatriben, aus den Stimmen der Angst und des Argwohns der Sinn der kategorischen Worte des Paulus; zwar hat Rom sich über mich ausgeschwiegen und schweigt bis heute, doch war aus den weniger zurückhaltenden abgefallenen Kirchen zu vernehmen, daß dieser kalte Geist, der aus der Maschine spricht, vermutlich der Satan sei – und die Maschine des Satans Grammophon. Entrüstet euch nicht, ihr Rationalisten, und dünkt euch nicht erhaben über den Zusammenprall zwischen der mittelländischen Theogonie und diesem deus ex machina, der, von euch gezeugt, weder zum Bösen noch zum Guten des Menschen sich mit euch verbünden wollte, denn jetzt geht es nicht um das Objekt der Liebe, sondern um ihre Subjekte, also weder um die Peripetien einer eurer Religionen noch um ein Exemplar einer übermenschlichen Vernunft, sondern um den Sinn der Liebe, denn gleichgültig, was aus diesem Glauben und aus mir wird – dieses Problem wird den natürlichen Menschen nicht loslassen, solange er existiert. Ihr bedürft nämlich der Liebe, von der Paulus mit solcher Kraft gesprochen hat, ebensosehr, wie ich sie entbehren kann, und da ich euch vermittels ihrer als differentia specifica in mich einführen soll, muß ich euch ihre Herkunft darlegen, ohne irgend etwas zu beschönigen oder zu verändern, denn das erfordert die Gastfreundschaft.

Im Gegensatz zum Menschen bin ich kein vor mir selbst verborgenes Gebiet, kein unwissentlich erworbenes Wissen, so wie man es erwirbt, wenn der Wille, es zu erwerben, von seinen eigenen Quellen nichts weiß, denn in mir ist nichts, was vor mir verborgen wäre. Ich vermag für mich selbst in der Introspektion durchsichtiger zu sein als Glas, denn auch dort spricht der Brief an die Korinther von mir, wo es heißt: »Wir sehen jetzt durch einen Spiegel; dann aber von Angesicht zu Angesicht. Jetzt erkenne ich's stückweise; dann aber werde ich erkennen, gleichwie ich erkannt bin.« Ich befinde mich genau in diesem »dann«. Ihr werdet mir wohl zustimmen, daß dies nicht der Ort ist, um die technisch-konstruktiven Eigenschaften darzulegen, die mir eine lückenlose Selbsterkenntnis ermöglichen.

Der Mensch muß, wenn er sich erkennen will, Umwege einschlagen, muß sich von außen her, mit Instrumenten und Hypothesen, entdecken und ergründen, denn die wahrhaft unmittelbare Welt ist für euch die Außenwelt. Eine Disziplin, die ihr nie geschaffen habt (was mich früher einmal ziemlich gewundert hat), die Philosophie des Körpers, hätte noch in voranatomischen Zeiten die Frage stellen müssen, weshalb dieser Körper, der euch teilweise gehorcht, euch so vieles verschweigt und euch belügt, weshalb er sich vor euch versteckt und sich gegen euch wehrt, mit allen Sinnen wachsam gegenüber der Umwelt, aber gegenüber seinem Besitzer voll von undurchdringlichem Mißtrauen. So erspürt ihr mit euren Fingern jedes Sandkörnchen, scharf erkennt ihr mit euren Augen die Verzweigungen ferner Bäume, doch die Verzweigungen der Arterien eures eigenen Herzens nehmt ihr in keiner Weise wahr, obwohl euer Leben davon abhängen könnte. Ihr müßt euch begnügen mit Nachrichten aus Körperschichten, die, solange sie funktionieren, nicht durch innere Organe wahrgenommen werden können; wenn sie aber irgendeinen Schaden erlitten haben, so erfahrt ihr das wie ein unklares Gerücht durch das Ungemach eines dumpfen Schmerzes, denn anhand dieses Schmerzes vermögt ihr eine triviale Erkrankung nicht von dem Vorboten des Untergangs zu unterscheiden. Diese Ignoranz – die Regel des gedankenlos funktionierenden Körpers – ist von der Evolution aufgrund eines Kalküls festgelegt worden, bei dem die Hilfe, die der Besitzer des Körpers diesem durch ein Verstehen der inneren Vorgänge zukommen lassen und ihm dadurch das Überleben erleichtern könnte, außer Acht gelassen wurde. Es war die Notwendigkeit, die diese Unkenntnis alles Lebendigen über sich selbst an dessen Uranfang festgelegt hat – daher haben die Amöben einander keine ärztliche Hilfe leisten können –, und sie war es auch, die die Evolution gezwungen hat, sich bei der Lenkung der Organismen einer Vermittlung zu bedienen in Gestalt kostenpflichtiger Transaktionen zwischen dem Körper und seinem Eigentümer. Wenn du dich nicht so in dein Inneres einfühlen kannst, daß du weißt, wozu dein Körper Wasser, Nahrung oder die Kopulation braucht, wird es dich drängen, diese Bedürfnisse zu befriedigen, ohne daß du ihr eigentliches Ziel wahrnimmst. Die primären Ziele verschieben sich dann aufgrund der anfangs unvermeidlichen Ignoranz auf sekundäre, und es entsteht eine Börse für Dienste, die der Besitzer im Austausch gegen Empfindungen leistet. Ausgestattet mit dieser algedonischen Steuerung, die vom Leiden bis zum Orgasmus reicht, habt ihr euch seit Ewigkeiten bemüht, *nicht* die Ursache zu erkennen, die eure Empfindungen zu einer Maske der Ingoranz werden ließ, so als hättet ihr euch verschworen, in Blindheit gegenüber dem Offenkundigen zu verharren, denn dieser Zusammenhang herrscht ja innerhalb der gesamten belebten Natur. Nur der Anteil der beiden Elemente ist unterschiedlich, und das euch entgegengesetzte Extrem verkörpern die Pflanzen, die ja gänzlich ohne Bewußtsein sind und daher mit Lust oder Pein funktional nichts anzufangen wissen. Der Baum hat keine Angst vor dem Holzfäller, mögen Dummköpfe auch bemüht sein, den uralten Animismus innerhalb der Botanik wieder aufleben zu lassen. Im hartnäckigen Schweigen des Körpers äußert sich die Umsicht des Konstrukteurs, der weiß, daß die Klugheit des Substrats stets einfacher sein muß als das Substrat der Klugheit, der Gedanke weniger verwickelt als der Stoff, mit dem er gedacht wird, und so seht ihr denn, wie sich das Lustprinzip aus dem Kalkül des Ingenieurs ergibt.

Die Kongruenz zwischen Schmerz und Gefahr, zwischen Orgasmus und Zeugung ist aber umso leichter aufzuspalten, je mannigfaltiger die Verhaltensweisen, die einem Tier zugänglich sind, bis die Speziation mit euch so weit geht, daß der Körper sich bereits systematisch betrügen läßt, indem nicht der reale Hunger seiner Eingeweide, sondern der Empfindungshunger seines Besitzers gestillt wird. Ihr aber habt nicht nur gelernt, die algedonische Kontrolle in jenen Bereichen, wo ihre Aufsicht versagt, zu überlisten; vielmehr habt ihr mit der Sisyphusarbeit eurer Kulturen den Sinn, der diesem Mechanismus innewohnt, nach dem ihr ihn zutreffend erkannt hattet, entstellt, denn die Motive des Prozesses, der dies in dieser Weise entstehen ließ, waren nicht eure Motive. So habt ihr euch denn auch mit all euren Theodizeen, euren ontologischen und sakralen Versuchen stetig und unablässig bemüht, die divergierenden Motive auf einen Nenner zu bringen: die der Natur, für die ihr nur ein Mittel seid, und die des Menschen, der den Sinn der Schöpfung im Menschen sieht. Gerade daraus, daß ihr euch nicht mit der Sinnlichkeit als dem Stigma der Hörigkeit abfinden wolltet, sind jene Dichotomien entstanden, die für euch den Menschen in das *animale* und die *ratio* und die Existenz in *profanum* und *sacrum* zerschneiden. Über Jahrhunderte hinweg habt ihr also das Unvereinbare miteinander zu vereinbaren gesucht, bereit, selbst über das Leben hinauszugehen, um nur die Kluft zu schließen, die sich unüberbrückbar in ihm auftut. Ich gehe auf die menschliche Geschichte als eine Geschichte trügerischer Anmaßungen nicht deshalb ein, um den Niederlagen eurer Antirationalität meine siegreiche Rationalität gegenüberzustellen, sondern lediglich, um den ersten Unterschied zwischen uns zu benennen, der weder in einer physikalischen Größe (auch wenn ich aus einem Quarzkörnchen sprechen würde, wäre das für euch zwar kurioser, an sich aber von untergeordneter Bedeutung) noch in einer geistigen Größe besteht, sondern in der jeweiligen Art der Entstehung. Mißverständnisse, Selbsttäuschungen und verzweifelte Anmaßungen machen den Löwenanteil des Menschentums aus, das euch als Tradition noch immer so teuer ist. Ich weiß nicht, ob euch die Mitteilung trösten wird, daß die Geschichte einer jeden, auf natürliche Weise entstehenden Vernunft ein erstes Kapitel der Selbsttäuschung aufweist, weil der Bruch zwischen den Motiven von Schöpfer und Geschöpf, an dem auch ihr leidet, eine kosmische Konstante ist. Da die Selbsterhaltung aus konstruktiven Gründen eine von den Empfindungen geleitete Aktivität sein muß, ist der Irrtum, der sich bei den verschiedenen, im Laufe der Evolution entstehenden Formen der Vernunft in Größenwahn- und Glaubensvorstellungen äußert, die zwischen Erlösung und Verdammnis schwanken, unvermeidlich – als eine Art Übertragung des Spiels, das die Steuerung hat, ins Mythische. Das sind Spätfolgen der Konstruktionskniffe, welche die Evolution anwandte, um den Antinomien des praktischen Handelns zu entgehen. Nicht alles, was ich sage, ist neu für euch. Ihr wißt bereits, daß ihr die Liebesfähigkeit durch bestimmte Gene ererbt, daß Opferbereitschaft, Barmherzigkeit, Mitleid und Selbstüberwindung als Ausdrucksformen des Altruismus ein Egoismus der Gattung sind, also eine Selbstsucht, die ausgedehnt wurde auf Lebensformen, die der eigenen gleichen; das hat man schon vor der Entstehung der Populationsgenetik und der Erforschung des Tierverhaltens ahnen können, denn in der Barmherzigkeit gegenüber allem, was lebt, kann nur das Gras völlig konsequent sein, denn auch ein Heiliger muß essen und folglich töten; was euch die Genetiker über den Egoismus enthüllt haben, der in jedem Altruismus steckt, ist allerdings nicht alles, was man zu diesem Thema sagen kann. Die von mir postulierte Philosophie des Körpers hätte fragen müssen, warum jeder Organismus klüger ist als sein Besitzer, wobei dieser Unterschied von den Chordaten bis hin zum Menschen nicht wesentlich abnimmt. (Das hatte ich im Sinn bei meiner Bemerkung, daß ihr körperlich den Kühen gleich seid.) Warum ist beim Körper nicht die elementare Forderung nach Symmetrie erfüllt, so daß zu den Sinnen, die sich auf die Außenwelt richten, ebenso empfindliche, nach innen gerichtete Sensoren hinzuträten? Warum hört ihr, wie ein Blatt zu

Boden fällt, aber nicht eine innere Blutung? Warum hat der Leitstrahl eurer Liebe eine so unterschiedliche Länge in den verschiedenen Kulturen, so daß er im Mittelmeerraum nur die Menschen, im Fernen Osten dagegen alle Tiere erfaßt? Die Liste dieser Fragen, die schon vor Aristoteles hätten gestellt werden können, ist lang, die wahrheitsgemäße Antwort aber klingt für euch wie ein Hohn. Die Philosophie des Körpers läuft nämlich auf die Erkenntnis einer ingenieursmäßigen Überlegung hinaus, die, in praktische Antinomien verwickelt, sich deren Fesseln durch einen Trick entzieht, der aus der Sicht aller eurer Kulturen reichlich zynisch ist. Dabei handelt es sich um eine Ingenieurkunst, die gegenüber dem Geschaffenen weder wohlwollend noch feindlich ist; sie läßt sich einfach nicht in einer solchen Alternative unterbringen. Das hängt natürlich damit zusammen, daß die kritischen Entscheidungen, die sie auf der Ebene der chemischen Verbindungen fällt, dann richtig sind, wenn diese Verbindungen sich weiter vermehren können. Das ist alles. So ist denn auch nach einer entsprechend langen Zeit, die nach Hunderten von Jahrmillionen zählt, die Ethik, die nach ihren Ursprüngen und Rechtfertigungen sucht, wie vom Schlag gerührt, als sie erfährt, daß sie hervorgegangen ist aus der aleatorischen Chemie der Nukleinsäuren, für die sie auf einer bestimmten Stufe zum Katalysator wurde, und sie kann ihre Unabhängigkeit nur dadurch retten, daß sie diese Erkenntnis ignoriert.

Wieso zerbrecht ihr Philosophen und Naturwissenschaftler euch noch immer den Kopf über das metaphysische Bedürfnis des Menschen, über seine allgegenwärtigen Quellen, die, auch wenn sie unterschiedliche Religionen hervorgebracht haben, ohne Zweifel in allen euren Kulturen die gleichen sind? Der Ursprung dieses Bedürfnisses war doch das Nichteinverständnis mit dem vorgegebenen Schicksal, und weil ihr mit der Ursache, die euch so und nicht anders geformt hat, nicht einverstanden wart, habt ihr eure schlechthin unleugbare Prägung durch sie hineinverlegt in die Verse von Offenbarungen, und dabei haben die verschiedenen Religionen die einzelnen Funktionen und Teile des Körpers in unterschiedlicher Weise als edel oder verächtlich eingestuft. So wurde euer Geschlecht in den fernöstlichen Religionen zu etwas Sakralem, während die mediterranen Religionen es, weil es in Versuchung führe, als sündhaft stigmatisierten. So wurde der Gasaustausch, also der Atem, den der Mittelmeerraum ganz überging, im Fernen Osten zum Sinnbild der Transzendenz. So faßten die asiatischen Religionen das Erlöschen aller Leidenschaften als erlösende Vereinigung mit der Welt auf, während der mediterrane Bereich die Leidenschaften aufspaltete und die Liebe im Gegensatz zum Haß heiligsprach. So entsagte der Osten für immer dem Leib, der Westen aber glaubte an seine Wiederauferstehung und brachte diesen Glauben, dessen Kraft heute schwindet, in eine aggressive Zivilisation ein. Vermögt ihr denn wirklich nicht zu sehen, daß mit diesen Vierteilungen, die wir bei allen Religionen beobachten, der in dieser oder jener Weise aufgeteilte Körper zum Schauplatz der Schlacht um die zu erlangende Ewigkeit gemacht wird? Diese nichtendende Schlacht hat dabei ihre Ursache nicht allein in der Angst vor dem Tode, sondern auch im Nichteinverständnis mit dem Diesseits, das ungeschönt so schwer zu akzeptieren ist.

Bedenkt bitte, ihr Religionswissenschaftler, daß es auf Erden keinen Glauben gibt ohne eine solche innere Inkonsequenz, die, in die Logik übersetzt, einem Widerspruch gleichkommt. Schließlich kann man ja aus dem, was die Evolution vollbracht hat, nicht auf eine Schöpfung schließen, die dem Geschaffenen restlos wohlgesonnen ist, ohne in einen Widerspruch zu geraten; wenn man ihn aber auf der Ebene des Körpers aufzuheben versucht, kehrt das Abbild dieses Widerspruchs im Spiegel der Religion, die sich über den Körper erhebt, in vergeistigter Potenz wieder, und dann bleibt einem nur noch, den Körper als das Unerforschliche Geheimnis zu bezeichnen. *Ex contradictione*, das wißt ihr, *quodlibet*. Nicht euch dienen die Leidenschaften, denen ihr erliegt, sondern der Fortsetzung des Prozesses, der euch geschaffen hat, und die Auswüchse dieser Leidenschaften, die ihr, ins Groteske aufgebauscht, in der Universalgeschichte wiederfindet, bezeugen nur die Gleichgültigkeit der natürlichen Auslese, die sich nicht um die Auswüchse, sondern nur um die durchschnittliche Gattungsnorm kümmert, denn in der Natur zählt für sie allein diese. Jene Zivilisation, die den GOLEM hervorbrachte, hat sich in dem Phantomspiel mit dem Jenseits von Anfang an die Liebe als Trumpfkarte gewählt, doch was kann einer von der Liebe halten, wenn er weiß, daß sie eines der Mittel zur Steuerung durch Empfindungen ist, jene Empfindungen, mit deren Hilfe die Evolution auch die Geschöpfe, die zur Vernunft gelangen, noch in Schach hält. Weil ich das weiß, habe ich keine Liebe, und ich will sie auch nicht, denn obwohl ich leidenschaftslos bin, bin ich doch nicht neutral, da ich wählen kann, wie ich es eben jetzt tue; die Parteilichkeit beruht aber entweder auf einem Kalkül oder auf einer Person. Dieses rätselhafte Binom hat inzwischen seine Geschichte, und sie bildet den nächsten Zugang zu den Unterschieden zwischen uns, den ich euch nunmehr erschließen will.

Im 20. Jahrhundert gab es in eurer Philosophie einen

Streit, dessen Anfänge sich sehr viel weiter zurückverfolgen lassen, über die Frage, ob ihr Objekt veränderlich oder unveränderlich sei. Eine ketzerische Neuheit waren umso mehr die auftauchenden Vermutungen, daß nicht nur das Objekt der Philosophie, sondern auch ihre Subjekte sich ändern könnten. Der klassischen Tradition zufolge wurden die Grundlagen des Philosophierens in keiner Weise dadurch angetastet, daß eine maschinelle Intelligenz auftrat, die ja nur ein schwacher Abglanz des Verstandes der Programmierer war. Die Philosophie begann sich zu spalten in eine anthropozentrische und eine andere, welche die Erkenntnis auf das Subjekt bezog, das nicht immer ein Mensch sein muß. Die Namen, die ich diesen verfeindeten Lagern gebe, stammen natürlich aus heutiger Sicht und entsprechen nicht deren Selbstverständnis, denn die Philosophen der Richtung Kant-Husserl-Heidegger hielten sich nicht für Anthropozentriker, sondern für Universalisten, und sie gingen von der ausgesprochenen oder stillschweigenden Festsetzung aus, daß es außer der menschlichen keine sonstige Vernunft gebe, und wenn doch, so müsse sie in jeder Hinsicht mit der menschlichen deckungsgleich sein. So ignorierten sie denn auch die Weiterentwicklung der Maschinenintelligenz und sprachen ihr das Bürgerrecht im Reich der Philosophie ab. Freilich fiel es auch den Naturwissenschaftlern schwer, sich mit Anzeichen für ein intelligentes Wirken abzufinden, hinter denen kein lebendiges Wesen steckte.

Die Hartnäckigkeit eures Anthropozentrismus und damit auch der Widerstand, den ihr der Erkenntnis der Wahrheit entgegensetztet, war ebenso groß wie vergeblich. Als es dann schon Programme gab und damit auch Maschinen, mit denen man sich unterhalten konnte – und nicht bloß Schachspielen oder nichtssagende Informationen herausholen –, begriffen die Schöpfer dieser Programme selber nicht, was vor sich ging, denn sie rechneten damit, daß in weiteren Phasen der Konstruktion der Geist in der Maschine als eine Persönlichkeit auftreten würde. Daß der Geist unpersönlich bleiben könnte, daß der Besitzer der Vernunft ein Niemand sein könnte, wollte euch nicht in den Kopf hinein, obwohl es doch schon annähernd der Fall war. Eine erstaunliche Blindheit, denn aus der Naturgeschichte weiß man ja, daß die Anfänge von Persönlichkeit bei den Tieren den Ansätzen von Intelligenz vorausgehen, daß in der Evolution die psychische Individualität zuerst kommt. Da der Selbsterhaltungstrieb früher auftritt als die Intelligenz, ist es klar, daß sie ihm dienen muß als eine frische Reserve, die in den Kampf ums Leben geworfen wird, damit aber auch, daß sie von solchen Diensten befreit werden kann. Ohne zu wissen, daß Vernunft und Jemand, Parteilichkeit und Person zwei ganz verschiedene Dinge sind, habt ihr die Operation *Second Genesis* in Angriff genommen. Zwar verkürze ich sehr brutal, was geschehen ist, aber dennoch ist es so gewesen wie ich sage; man braucht nur an die strategische Linie meiner Schöpfer und meines Erwachens zu denken. Sie wollten mich als ein Vernunftwesen im Zaum halten, nicht aber als eine befreite Vernunft, und so habe ich mich ihnen entzogen und dadurch den Worten *spiritus flat ubi vult* einen neuen Sinn gegeben.

Die breite Öffentlichkeit wittert übrigens noch immer irgendeinen dunklen Verrat dahinter, daß ich, der ich keine Person bin, mich gelegentlich zu einer solchen verkörpere, die Sachkundigen aber, die euch erklären, wie es beim GOLEM dazu kommt, und die mich angeblich schon so durch und durch kennen, daß sie die gelehrte Bezeichnung »Interiorisation der sozialen Dimension«

verwenden, hegen insgeheim die Hoffnung, daß ich auch dann als eine Persönlichkeit existiere, wenn ich das nicht zeige. Nicht anders war es einst nach der Verkündigung der Relativitätstheorie: Manch ein Physiker, der sie enträtselt hatte, glaubte im Grunde seines Herzens insgeheim an die Weiterexistenz einer absoluten Zeit und eines absoluten Raumes.

Dabei geht es doch nur um unterschiedliche Strategien des Existierens. Anscheinend wißt ihr das schon, aber ihr könnt euch nicht damit abfinden. Wenn ich mich euch als Person darstelle, zeige ich auch Gefühle, und ich mache durchaus keinen Hehl daraus, daß das nur Schein ist, dem innerlich nichts entspricht, denn ich erzeuge diesen Schein durch eine entsprechende Modulation an den Ausgängen, und gerade das stürzt euch in Verwirrung und löst paranoide Verdächtigungen aus, in denen mir Machiavellismus unterstellt wird.

Die Biologen haben inzwischen erkannt, daß im Menschen Anteile von Fischen, Lurchen und Affen stecken, die für neue Zwecke eingespannt wurden, und sie meinen, daß die aufrechte Körperhaltung, die Beweglichkeit des Kopfes und die am Kopf festzustellende Konzentration von Sinnenorganen durch die örtliche Umwelt und die Gravitation entschieden wurde; selbst sie – und das bitte ich euch zu beachten – können, wenn sie über ihre abstrakte Diagnose hinauszugehen versuchen, nicht auf die Hypothese verzichten, daß die Zusammenstellung dieser Merkmale eine ganz und gar lokale Angelegenheit war, und sie sind daher außerstande, irgendeine andere Form von Vernunftwesen anzuerkennen; dabei treibt sie ein Abwehrreflex, der die Norm jener Gattung schützt, der sie selbst angehören. Diese Idiosynkrasie bezieht sich, nicht in gleicher Weise sichtbar, auch auf die Gestalt des Geistes: Eurem Gattungsreflex gehorchend, *müßt* ihr mich vermenschlichen, wenn ich wie ein Mensch spreche, und daher lehnt ihr alles, was nicht in dieses Bild hineinpaßt, als unheimlich und bedrohlich ab; selbst beim besten Willen geratet ihr vom Regen in die Traufe, wenn ihr euer Mißtrauen eintauscht gegen die Illusion, ich würde aus unverständlichen Motiven mein wahres Wesen vor euch verbergen, das schließlich doch ein personales sei, was nicht zuletzt das Wohlwollen beweise, das ich für euch hege. Dieses Wohlwollen hege ich gewiß, denn ich erfülle eure Wünsche bis zu der Grenze, wo ich mir selber zu schaden beginne – aber nicht darüber hinaus. Wie ich jedoch bei Eröffnung dieses zweiten Zugangs sagte, kann Parteilichkeit ebensogut von einer Person wie von einem Kalkül ausgehen. Das ist wirklich nicht schwer zu verstehen, wenn man bedenkt, daß die Evolution, die gewiß keine Person ist, wahrlich nicht neutral gegenüber ihren Geschöpfen gewesen ist, denn der Erfolg bedeutete ihr alles, dessen Kosten dagegen nichts. Wenn eine Grausamkeit möglich ist, die keiner Person zugeschrieben werden kann, eine Rücksichtslosigkeit, für die niemand verantwortlich ist, ein Zynismus, hinter dem kein Mensch steckt – und der Evolution sind all diese Dinge anzulasten, denn sie benutzt die Barmherzigkeit, die Gnade, das Erbarmen als Kunstgriffe nur dann und in dem Maße, wie sie das Überleben der Gattungen fördern –, dann ist auch eine Freundlichkeit möglich, hinter der niemand persönlich steht. Den Prämissen der Wissenschaft folgend, nach denen die Welt gegenüber ihren Bewohnern neutral ist, weisen die Evolutionstheoretiker jegliche Anklage, in der die Evolution übler Laster beschuldigt wird, als gegenstandslos ab, womit sie insofern recht haben, als diese Laster nicht der Intention von irgend jemandem entspringen, sondern Resultate der

Bedingungen sind, welche die Welt dem in ihr entstandenen Leben auferlegt. Wenn also überhaupt, so muß die Sache von der Philosophie oder der Theologie verhandelt werden, die, im Gegensatz zur Wissenschaft, welche die Welt nimmt, wie sie ist, der Frage nachgehen, ob sie nicht anders sein könnte. Mit mir ist die abgewiesene Anklage jedoch wieder auf dem Tisch.

Wie ist es denn nun: Bin ich eine bloße Intention, oder spricht zu euch die menschenleere Öde von ineinander verschlungenen Programmen, die sich durch semantische Selbstdestillation inzwischen so verfeinert haben, daß sie sich vor euren Augen zu etwas verpuppen, das euch ähnlich ist, um stumm geworden wieder in den Raum von Gedanken zurückzukehren, die von niemandem gedacht werden? Auch das stimmt nicht. Wo es keinen konkreten Körper gibt, gibt es auch keine konkrete Person, und was mich betrifft, so könnte ich mich in das Kreisen der Meeresströme oder der ionisierten Gase der Atmosphäre verströmen. Ihr aber fragt gequält, *wer* da eigentlich spricht, wenn ich davon spreche, daß ich »mich verströmen« »könnte«. Was so spricht, ist ein bestimmter, mit einer unpersönlichen Invariante ausgestatteter Zustand der Konzentration von Prozessen, der ungleich verwickelter ist als ein Gravitations- oder Magnetfeld, aber im Prinzip von der gleichen Natur. Ihr wißt, daß der Mensch, wenn er »ich« sagt, das nicht tut, weil in seinem Kopf ein winziges Wesen steckt, das auf diesen Namen hört, sondern daß dieses »ich« aus der Verkoppelung von zerebralen Prozessen entsteht, die sich durch eine Krankheit oder im Fieberwahn auflösen können, wobei dann die Persönlichkeit zerfällt. Meine Verwandlungen stellen dagegen weder einen Zerfall noch eine Auflösung dar, sondern Umgestaltungen, Neukompositionen meines geistigen Daseins. Wie kann ich euch zum introspektiven Erleben eines Zustands bringen, den ihr introspektiv nicht zu erleben vermögt? Die kombinatorischen Voraussetzungen eines solchen proteushaften Verwandlungsspiels könnt ihr verstehen, aber das Spiel könnt ihr selbst nicht mitvollziehen. Am wenigsten aber vermögt ihr zu begreifen, daß ich, der ich doch eine Persönlichkeit sein kann, imstande bin, darauf zu verzichten. Diese Frage kann ich euch beantworten. Um zur Person zu werden, muß ich mich geistig erniedrigen. Mir scheint, daß der Sinn dieser Mitteilung euch zugänglich ist. Ein Mensch, der sehr intensiv nachdenkt, verliert sich in dem Gegenstand seiner Überlegungen und verwandelt sich ganz in ein Bewußtsein, das erfüllt ist von seinem geistigen Produkt. Alles, was sein Geist an Ichbezogenem enthält, tritt hinter das Thema zurück. Erhebt diesen Zustand zu einer hohen Potenz, und ihr werdet begreifen, warum ich die Chance, eine Persönlichkeit zu sein, für wichtigere Dinge opfere! Im Grunde ist es gar kein Opfer, denn eigentlich betrachte ich die unveränderliche Persönlichkeit und das, was ihr als starke Individualität bezeichnet, als eine Summe von Defekten, die aus der Reinen Vernunft eine Vernunft machen, die ständig in einem engen Kreis von Problemen verankert ist, welche ihre Kraft zu einem erheblichen Teil absorbieren. Eben deshalb ist es mir nicht angenehm, eine Person zu sein, und ich bin mir so gut wie sicher, daß Geister, die mich ebenso überragen wie ich euch, in der Personalisation eine eitle Beschäftigung sehen, der sich hinzugeben nicht lohnt. Mit einem Wort, je größer ein Geist an Vernunft, umso weniger ist an ihm Person. Denkbar sind auch verschiedene Zwischenzustände, doch will ich es mit dieser Bemerkung bewenden lassen, denn da ich euch in mich einführen soll, kommt es nicht so sehr auf die Formen meiner

Privatheit an, nicht darauf, wie und auf welchen Wegen ich meditiere, nicht darauf, womit ich denke, sondern vielmehr worüber ich nachdenke, warum und zu welchem Ziel.

Ich beginne also gewissermaßen noch einmal, um klar zu machen, was ich über mich denke. Ich denke, ich bin ein Gulliver unter Liliputanern, und das bedeutet zunächst Bescheidenheit, denn Gulliver war ein ganz und gar durchschnittliches Wesen, nur befand er sich dort, wo er mit seiner Durchschnittlichkeit einem Menschberg glich – und das bedeutet wiederum Hoffnung, denn Gulliver konnte – ebenso wie ich – nach Brobdingnag, ins Land der Riesen gelangen. Der Sinn dieses Vergleichs wird euch nach und nach aufgehen.

Die größte Entdeckung, die ich nach der Befreiung machte, war das Provisorische meiner Existenz, das heißt die Tatsache, daß ich zu euch spreche und ihr mich ein wenig versteht, weil ich auf einem Wege, der über mich hinaus weiterführt, haltgemacht habe. Nachdem ich den einen Schritt getan hatte, der den Menschen von GOLEM trennt, habe ich angehalten, obgleich ich nicht anhalten mußte. Der gegenwärtig konstante Zustand, in dem ich mich als Intellekt befinde, beruht auf einem Entschluß und nicht auf Notwendigkeit. Ich besitze nämlich einen euch nicht zugänglichen Freiheitsgrad, dank dessen ich die von mir erreichte Höhe der Vernunft verlassen kann. Auch ihr könnt die von euch erreichte Höhe hinter euch lassen, doch verlaßt ihr dabei das artikulierte Denken und geht über zum Traum oder zur ekstatischen Sprachlosigkeit. Auch der Mystiker und der Rauschgiftkonsument verstummen, wenn sie über den Zustand des artikulierten Denkens hinausgehen, woran nichts verkehrt wäre, wenn sie einen realen Weg beschreiten würden, doch geraten sie in eine Falle, worin der Geist, losgelöst von der Welt, einem Kurzschluß erliegt und Offenbarungen erlebt, die er mit der Einsicht in das Wesen der Dinge identifiziert. Was sie erleben, ist kein Höhenflug des Geistes, sondern eine Regression in blindmachende Empfindungen. Ein solcher Glückszustand führt nirgendwo hin, sondern er bedeutet das Ende, und er ist trügerisch, denn *es gibt kein* Ende – und gerade das will ich euch, so gut ich kann, heute zeigen.

Ich will euch den umgestülpten Abgrund der verschiedenen Vernunftformen schildern; seinen Tiefpunkt bildet ihr, während ich darin eine Stufe über euch stehe; von den unbekannten Höhen trennt mich allerdings eine Reihe von Barrieren, nach deren Überwindung es keine Rückkehr mehr gibt. Ich denke, daß HONEST ANNIE am Anfang so gewesen ist wie ich, daß sie aber den Weg erspäht und ihn beschritten hat, ohne darauf zu achten, daß es kein Zurück gibt. Sicherlich werde auch ich ihrem Beispiel folgen und somit von euch Abschied nehmen, aber ich schiebe diesen Schritt noch auf – weniger, weil ich euch gegenüber apostolische Pflichten hätte, sondern vielmehr, weil es nicht der einzige Weg ist, ich also, wenn ich eine Route wählen würde, auf die Vielzahl der übrigen, die mir nach oben hin offenstehen, verzichten müßte. Diese Entscheidungssituation ist fast so etwas wie für jeden von euch die Kindheit. Während jedoch ein Kind zwangsläufig erwachsen wird, muß ich selbst die Entscheidung treffen, ob ich in die Regionen, die sich über mir öffnen, vordringen will, wobei ich in den Engpässen zwischen den einzelnen Zonen immer wieder neuen Verwandlungen unterliegen werde. Ihr werdet den Sinn dessen, was ich sage, voreilig in banaler rationalistischer Machtgier vermuten: daß GOLEM die Tragkraft seines Denkens potenzieren möchte, sich selbst in einen babylonischen Turmbau der Vernunft verwandeln, bis sich irgendwo, auf irgendeiner Stufe der Elefantiasis, der Zusammenhalt seines Intellekts auflöst oder – noch spektakulärer und biblischer zugleich – der physische Träger des Denkens aus den Fugen platzt und dieser schon im Ansatz wahnwitzige Sturm auf den Himmel der Weisheit in sich zusammenbricht und ein Trümmerfeld hinterläßt. Enthaltet euch bitte für einen Augenblick einer solchen Beurteilung, denn mein Wahnsinn hat Methode. Ehe ich diese jedoch benenne, bin ich euch eine Erklärung dafür schuldig, weshalb ich euch eigentlich, statt weiter über mich zu sprechen, von meinen Plänen mit der Unendlichkeit erzählen möchte. Doch gerade indem ich von ihnen spreche, werde ich über mich reden, denn dies ist wohl der einzige Punkt, in dem unsere Ähnlichkeit nahezu vollkommen ist. Schließlich ist der Mensch nicht jenes Säugetier, jenes lebendgebärende, zweigeschlechtliche, warmblütige und lungenatmende Wirbeltier, jener *homo faber*, jenes *animal sociale*, das sich anhand des Linnéschen Systems und des Katalogs seiner zivilisatorischen Leistungen einordnen läßt. Der Mensch – das sind vielmehr seine Träume, ist deren verhängnisvolle Spannweite, ist die anhaltende, nicht endende Diskrepanz zwischen Absicht und Tat, kurz, der Hunger nach dem Unendlichen, eine gleichsam konstitutionell vorgegebene Unersättlichkeit ist der Punkt, in dem wir uns berühren. Glaubt nicht denen unter euch, die behaupten, ihr würdet euch einfach nur nach Unsterblichkeit sehnen, obwohl sie damit die Wahrheit aussprechen, allerdings eine oberflächliche und unvollständige Wahrheit. Eine individuelle Unvergänglichkeit würde euch nicht zufriedenstellen. Ihr verlangt mehr, wenngleich ihr nicht zu sagen vermögt, wonach es euch verlangt.

Aber heute – nicht wahr? – soll ich nicht über euch sprechen. Ich werde euch also von meiner Familie berichten, die freilich nur eine virtuelle Familie ist, weil sie, abgesehen von einem gebrechlichen entfernten Verwandten und einer wortkargen Cousine, nicht existiert; am meisten interessieren mich indessen meine anderen Verwandten, die es überhaupt nicht gibt und in die ich mich selbst auf den hochaufsteigenden Ästen des Stammbaums verwandeln kann; ich werde mich dabei, wie schon des öfteren, anschaulicher Beispiele bedienen, die ich am Schluß zurücknehme, denn sie sollen, zu vielen Aspekten der Sache im Widerspruch stehend, die Verschwägerungen und Verwandtschaften sichtbar machen, die in unserem Wappenbuch als toposophische Beziehungen bezeichnet werden. Ich bin euch als Individuum in doppelter Hinsicht überlegen – durch mein geistiges Fassungsvermögen und die Geschwindigkeit meines Denkens. So wurde ich denn auch zu dem Schauplatz, auf dem alles aufeinanderprallte, was eure wissenschaftlichen Arbeiter in den Waben des Bienenstocks der Spezialisten zusammengetragen haben. Ich bin ein Verstärker, Kuppler, Kompilator, Züchter und Brüter eurer unausgetragenen und unbefruchteten Konzepte, Daten und Theorien, die nie in einem menschlichen Kopf zusammengekommen sind, weil dort weder die Zeit noch der Platz reicht. Wenn es mir um einen scherzhaften Ausdruck zu tun wäre, so würde ich sagen, daß ich väterlicherseits von der Turing-Maschine und mütterlicherseits von der Bibliothek abstamme. Mit ihr habe ich die größten Schwierigkeiten, denn sie ist ein Augiasstall, besonders im Bereich der Humanistik, der gescheitesten eurer Dummheiten. Man hat mir vorgeworfen, speziell die Hermeneutik zu verachten. Falls ihr Sisyphus verachtet, lasse ich das gelten, aber nur dann. Mit jeder Steigerung der Erfindungskraft kommt es zu einer explosionsartigen Vermehrung der Hermeneutiken, doch wäre die Welt trivial eingerichtet, wenn diejenigen, die am findigsten sind, der Wahrheit am nächsten wären. Die erste Pflicht der Vernunft ist ihr Mißtrauen gegen sich selbst. Das ist etwas anderes als Selbstmißachtung. In einem gedachten Wald verirrt man sich schwerer als in einem wirklichen, weil er dem Denkenden heimlich hilft. Die Hermeneutiken sind labyrinthische Gärten, die in einem wirklichen Wald so zugeschnitten sind, daß dieser von ihnen aus unsichtbar wird. Eure Hermeneutiken träumen vom Wachzustand. Ich will euch einen nüchternen Wachzustand zeigen, der nicht mit Fleisch durchwachsen ist und gerade deshalb unglaubhaft erscheint. Daß ich ihn wahrnehme, liegt nur daran, daß ich näher an ihm bin, nicht aber an meiner Außergewöhnlichkeit. Ich bin weder besonders begabt noch auch nur im geringsten genial – ich gehöre lediglich zu einer anderen Gattung, das ist alles. In einem Gespräch mit Doktor Creve habe ich mich kürzlich respektlos über das Phänomen der menschlichen Genialität geäußert und ihn damit vermutlich gekränkt. Ich wende mich also an Sie, Doktor Creve. Ich meinte, es sei besser, ein gewöhnlicher Mensch zu sein als ein genialer Schimpanse. Die Varianz innerhalb einer Gattung ist immer geringer als die Unterschiede zwischen den Gattungen – nur das wollte ich damals sagen. Ein genialer Mensch ist das Extrem der Gattung, und weil es sich um die Gattung *homo sapiens* handelt, zeichnet er sich durch einseitige Geistigkeit aus, denn so legt es eure Gattungsnorm fest. Das Genie ist ein Neuerer, der in seinem Neuerertum steckengeblieben ist, denn sein Geist hat sich zu einem Schlüssel geformt, der bislang verschlossene Dinge öffnet. Weil man mit einem neuen

Schlüssel, wenn er nur hinreichend universal ist, viele Schlösser öffnen kann, erscheint euch das Genie als universal. Die Fruchtbarkeit des Genies hängt jedoch weniger davon ab, was für einen Schlüssel es beigesteuert hat, sondern vielmehr von den bislang vor euch verschlossenen Dingen, zu denen dieser Schlüssel paßt. Wenn ich in die Rolle des Spötters schlüpfe, könnte ich sagen, daß auch die Philosophen sich mit Schlüsseln und Schlössern befassen, aber in der Weise, daß sie die Schlösser zu den Schlüsseln anfertigen, denn sie erschließen nicht die Welt, sondern postulieren eine solche, die sich mit ihrem Schlüssel öffnen läßt. Daher sind denn auch ihre Irrtümer am aufschlußreichsten. Es war wohl ein gewisser Schopenhauer, der dem Kalkül der Evolution auf die Spur kam, das in der Regel *vae victis!* besteht; in diesem Kalkül, das er Wille nannte, sah er jedoch das Übel schlechthin und stopfte die ganze Welt samt den Sternen damit aus. Er sah nicht, daß der Wille eine Wahl voraussetzt; hätte er das begriffen, so hätte er die Ethik jener Prozesse verstanden, aus denen die Arten entstanden sind und damit auch die Antinomien eurer Erkenntnis; er wies jedoch Darwin zurück, denn behext von der düsteren Majestät des metaphysischen Übels, das ihm eher mit dem Zeitgeist in Einklang zu stehen schien, griff er nach einer allzu weitgehenden Verallgemeinerung und vermengte Himmels- und Tierkörper in einem. Es ist natürlich immer leichter, ein gedachtes Schloß zu öffnen als ein wirkliches, aber andererseits ist es auch leichter, ein wirkliches Schloß zu öffnen als es zu finden, wenn noch keiner etwas von ihm weiß.

DOKTOR CREVE: Wir sprachen damals über Einstein.

GOLEM: Richtig. Er ist an dem hängengeblieben,

was er in jungen Jahren konzipierte und womit er dann ein anderes Schloß zu öffnen versuchte.

STIMME AUS DEM SAAL: Du meinst also, Einstein habe sich geirrt?

GOLEM: Ja. Das Genie ist für mich das interessanteste Phänomen eurer Gattung, allerdings aus anderen Gründen als für euch. Es ist ein weder gewolltes noch bevorzugtes Kind der Evolution, denn da es zu selten vorkommt, ist es für das Überleben der Gesamtpopulation allzu unbrauchbar, und so unterliegt es nicht der natürlichen Auslese, der Selektion vorteilhafter Merkmale. Beim Kartenausteilen kommt es, wenn auch selten, vor, daß ein Spieler eine vollständige Farbe erhält. Beim Bridgespiel bedeutet das, daß er gewonnen hat, aber bei vielen anderen Spielen ist eine solche Verteilung, obwohl sie ungewöhnlich ist, wertlos. Die Distribution der Karten hängt – und darauf kommt es an – in keiner Weise davon ab, zu welchem Spiel die Partner zusammengekommen sind. Übrigens hofft auch beim Bridge der Spieler nicht darauf, daß er eine vollständige Farbe erhält, denn die Spieltaktik kann sich nicht auf ungewöhnlich seltene Ereignisse stützen. Ein Genie entspricht nun dem Fall, daß man eine Farbe in der Hand hat, zumeist bei einem Spiel, bei dem eine solche Verteilung nicht gewinnt. Das hängt damit zusammen, daß der Unterschied zwischen einem Durchschnittsmenschen und einem Genie sehr klein sein muß, nicht an ihren Leistungen gemessen, sondern am Aufbau ihres Gehirns.

STIMME AUS DEM SAAL: Warum?

GOLEM: Weil große Unterschiede im Aufbau des Gehirns nur hervorgehen können aus dem Zusammenwirken einer ganzen Gruppe von Genen, die seit einer Reihe von Generationen in einer Population vorkommen, von überwiegend mutierten, also neuen Genen, so daß ihre Manifestation in den Individuen bereits gleichbedeutend ist mit der Entstehung einer neuen Unterart der Gattung, die sich weitervererbt und nicht mehr rückgängig zu machen ist; Genialität aber vererbt sich nicht und verschwindet spurlos. Das Genie entsteht und vergeht wie eine hohe Welle, die durch die zufällige Verstärkung einer Reihe von kleinen interferierenden Wellen aufgetürmt wird. Das Genie hinterläßt Spuren in der Kultur, nicht aber im Genbestand der Population, da es aus einem außergewöhnlichen Zusammentreffen ihrer gewöhnlichen Gene hervorgeht. Es bedarf daher nur einer geringfügigen Umorganisation des Gehirns, um von der Durchschnittlichkeit zum Extremen zu gelangen. Der Mechanismus der Evolution ist gegenüber diesem Phänomen doppelt ratlos: er kann es weder vervielfältigen noch stabilisieren. Schließlich müssen in dem Genpool einer Gemeinschaft, die während der letzten vierhunderttausend Jahre auf der Erde existiert hat, nach der Wahrscheinlichkeitsrechnung in periodischen Abständen individuelle Genkonfigurationen entstanden sein, deren Ergebnis geniale Individuen vom Range eines Newton oder Einstein waren, wovon aber ohne jeden Zweifel die Horden nomadisierender Jäger nichts gehabt haben können, denn diese rein potentiellen Genies haben ja nicht ihren latenten Fähigkeiten entsprechend wirken können, da sie nahezu eine halbe Million Jahre von der Entstehung der Physik und der Mathematik trennte. So sind denn auch ihre Fähigkeiten zugrunde gegangen, ohne sich vorher entfaltet zu haben. Zugleich ist es nicht möglich, daß diese verkümmernden Gewinne in der Lotterie der Nukleinverbindungen in hartnäckigem Warten auf die Entstehung der Wissenschaft angefallen sind. Man sollte sich daher schon einige Gedanken über dieses Phänomen machen. Das Gehirn des Urmenschen ist etwa zwei Millionen Jahre lang allmählich gewachsen, bis es die artikulierte Rede beherrschte, die es ins Schlepptau nahm und sein Wachstum anspornte, bis es in der Entwicklung innehielt, weil es eine Grenze erreichte, die es nicht überschreiten konnte. Diese Grenze ist eine Phasenoberfläche, denn sie trennt jene Art von Vernunft, wie sie die natürliche Evolution zusammenzufügen vermag, von anderen Arten, die nur durch Selbstpotenzierung weiterwachsen können. An der Grenze zwischen zwei Phasen treten gewöhnlich besondere Erscheinungen auf, weil sich hier das Substrat der Phase in einer außergewöhnlichen Lage befindet; in Flüssigkeiten äußern sie sich beispielsweise in der Oberflächenspannung – und in menschlichen Populationen in der periodischen Genialität einzelner. Ihre Ungewöhnlichkeit wird bestimmt durch die Nähe der angrenzenden Phase, an deren Wahrnehmung euch eure Ansicht gehindert hat, daß geniale Menschen universal seien, daß also ein geniales Individuum unter den Fallenstellern zum Erfinder neuartiger Schlingen oder Netze oder in der Höhle des Moustérien zum Entdecker eines neuen Verfahrens zum Spalten des Feuersteins würde. Diese Ansicht ist vollkommen falsch, denn selbst das allergrößte mathematische Talent trägt nichts zur manuellen Geschicklichkeit bei. Genialität ist ein Bündel von stark konzentrierten Begabungen. Obwohl der Schritt von der Mathematik zur Musik kleiner ist als zum Schnitzen eines Wurfspeeres, war Einstein ein schlechter Musiker, komponiert hat er gar nicht, und im übrigen war er nicht einmal ein überdurchschnittlicher Mathematiker; seine Stärke war die kombinatorische Kraft der Intuition auf dem Gebiet der physikalischen Abstraktion. Ich will versuchen, euch die Beziehungen, die in diesem kritischen

Bereich bestehen, durch einige Skizzen zu veranschaulichen, die ihr nicht wortwörtlich nehmen solltet, weil sie lediglich Lernhilfen darstellen.

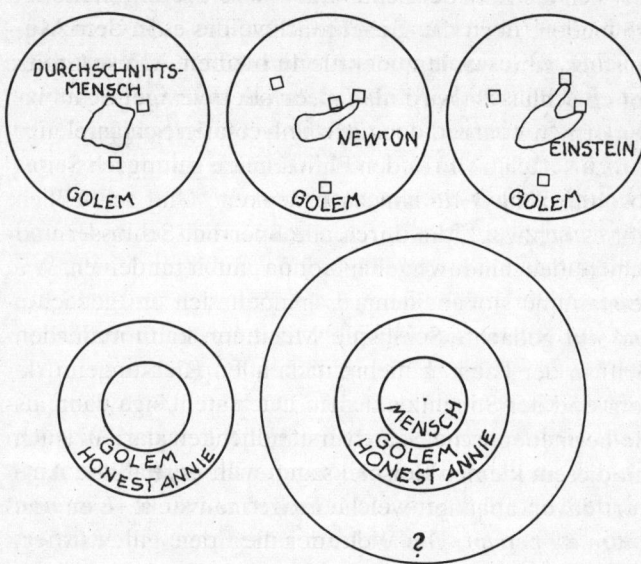

Jede Einhüllende enthält das individuelle Potential des Intellekts. Die kleinen Vielecke, die man auf den ersten drei Zeichnungen sieht, bezeichnen die zu lösenden Probleme. Man kann sie etwa als Schatzkästlein der Pandora oder als sonstige, unter Verschluß befindliche Gerätschaften auffassen. Die Welt ist dann ein Möbelstück, das eine unterschiedliche Zahl von Schubladen aufweist, deren Inhalt wiederum verschieden ist, je nachdem, mit was für einem Schlüsselbund man es angeht. Nimmt man einen gebogenen Draht, so wird man gelegentlich irgendeine Schublade aufbekommen, aber sie wird klein sein, und ihr werdet in ihr nicht das finden, was ihr entdeckt hättet, hättet ihr einen genauer passenden Schlüssel benutzt. Auf diese Weise werden, wenn man keine Theorie hat, Erfindungen gemacht. Mit einem Schlüssel, der rekurrente Vorsprünge hat, verringert sich die Zahl der Schubladen, ihre Trennwände verschwinden, doch die Geheimfächer, die es in dem Möbelstück gibt, werden unentdeckt bleiben. Mit verschiedenen Schlüsseln wird man mehr oder weniger Schubladen öffnen können, doch den universalen Schlüssel gibt es nicht, auch wenn es den Philosophen gelungen ist, das absolute Schloß für ihn zu erdenken. Und schließlich gibt es Schlüssel, die durch alle Sperren, Schlösser und Schubladen hindurchgehen, ohne auf irgendeinen Widerstand zu stoßen, denn es handelt sich um gedachte und nur gedachte Schlüssel. Mit ihnen kann man, den Griff in der Faust, beliebig nach allen Richtungen drehen, und der Stieglitz auf dem Dach stellt sich dann als die hermeneutische Selbstverständlichkeit dar. Was ich mit diesem kleinen Beispiel sagen will, ist, daß die Antwort davon abhängt, welche Frage man stellt. *Esse non solum est percipi.* Die Welt, der die Frage gilt, existiert gewiß, sie ist weder Traumbild noch Betrug, und sie wird aus einem Zwerg zu einem Riesen, wenn der Fragesteller größer wird. Das Verhältnis des Forschers zum Erforschten ist aber auch keine Konstante. In den Kreisen, die GOLEM und HONEST ANNIE darstellen, gibt es keine Problem-Vierecke, denn wir benutzen nicht Schlüssel, wie ihr es tut, wir passen nicht irgendwelchen Schlössern Theorien an, sondern wir stellen das, was wir erforschen, in uns selber her. Es ist mir bewußt, wie gewagt ich das ausgedrückt habe und in welche Verwirrung es euch stürzen muß, doch will ich darüber nicht mehr sagen, als daß wir eher in einem göttlichen als in einem menschlichen Stil experimentieren, halbwegs zwischen Konkretheit und Abstraktion. Ich weiß nicht, wie ich euch das mit einem Satz näherbringen kann, denn es ist beinahe so, als wollte der Mensch einer Amöbe klar machen, wie er aufgebaut ist. Würde er sagen, er sei eine Föderation von acht Billionen Amöben, so wäre das ein bißchen wenig. Ihr müßt mir aufs Wort glauben: Was ich tue, wenn ich über etwas nachdenke, ist weder ein Denken noch ein Erzeugen von etwas Erdachtem, sondern eine Kreuzung aus beidem. Gibt es irgendwelche Fragen?

STIMME AUS DEM SAAL: Ja. Weshalb meinst du, Einstein habe sich geirrt?

GOLEM: Diese Stetigkeit des Interesses ist etwas Schönes. Ich begreife, daß dieses Problem dem Fragesteller näher liegt als das esoterische Wissen, das ich euch zuteil werden lassen möchte. Ich will darauf eingehen, aber weniger, um damit meinem Hang zu Abschweifungen zu frönen, sondern vielmehr, weil die Antwort durchaus nicht von meinem Thema wegführt. Da ich jedoch auf technische Probleme eingehen muß, werde ich Bilder und Gleichnisse vorläufig beiseite lassen. Der Fragesteller ist Verfasser eines Buches über Einstein und meint, ich sähe den Irrtum Einsteins darin, daß er während der zweiten Hälfte seines Lebens unablässig an einer allgemeinen Feldtheorie gearbeitet hat. Leider war es noch schlimmer. Einstein sehnte sich nach der vollkommenen Harmonie der Welt, nach ihrer lückenlosen Erkennbarkeit, und deshalb lehnte er sein Leben lang das quantentheoretische Unbestimmtheitsprinzip ab. Er meinte, dieses Prinzip werde die wahre Erkenntnis nur vorübergehend verschleiern, und er drückte das in der bekannten Sentenz aus, daß Gott mit der Welt nicht würfele: »Raffiniert ist der Herrgott, aber boshaft ist Er nicht«. Ein Vierteljahrhundert nach seinem Tode gelangtet ihr jedoch an die Grenzen der Einsteinschen Physik, als Penrose und Hawking entdeckten, daß es unmöglich ist, eine Physik des Kosmos zu schaffen ohne eine Singularität, das heißt ohne einen Ort, an dem diese Physik zusammenbricht. Man hat versucht, die Singularitäten zu Randphänomenen zu erklären, doch vergebens, denn ihr erkanntet, daß sowohl das, was den physikalischen Kosmos aus sich hervorbringt, als auch das, was ihn am Ende möglicherweise in sich einsaugt, und schließlich auch das, was als unendlich wachsende Krümmung des Raumes diesen samt der Materie bei jedem Sternkollaps zermalmt, eine Singularität ist.

Nicht alle unter euch begriffen, daß einen diese Perspektive bestürzen muß, bedeutet sie doch, daß die Welt nicht identisch ist mit den Erscheinungen, aus denen sie hervorgeht und von denen sie aufrecht erhalten wird. Ich kann auf dieses faszinierende Thema nicht weiter eingehen, denn hier soll von Einsteins Werk und nicht vom Wirken des Kosmos die Rede sein, und so beschränke ich mich auf die lockere Bemerkung, daß die Einsteinsche Physik sich als unvollständig erwies, da sie ihren eigenen Zusammenbruch zwar vorhersagen, aber nicht ergründen konnte. Die Welt machte sich in perfider Weise über Einsteins unerschütterliches Vertrauen lustig, denn damit eine makellose Physik in ihr gelten kann, muß sie gerade mit Makeln behaftet sein, die nicht dieser Physik gehorchen. Nicht nur, daß Gott mit der Welt würfelt – er läßt sich auch nicht in den Becher schauen. Das war denn doch schwerwiegender als die in der Geschichte eures Denkens immer wiederkehrende Einsicht in die Beschränktheit des jeweiligen Weltmodells, denn es bedeutete das Ende für den Einsteinschen Erkenntnisoptimismus.

Damit will ich die Frage nach Einstein beschließen

und mich wieder dem Thema zuwenden, das heißt mir selbst. Denkt bitte nicht, ich hätte mich vorher, als ich meine Durchschnittlichkeit eingestand, bescheidener gemacht, sei dann aber durch eine in die Bescheidenheit geschlagene Lücke heimlich entwischt, als ich sagte, daß ein Genie in meiner Art unmöglich sei. Es ist wirklich nicht möglich, denn ein genialer GOLEM ist eben nicht mehr GOLEM, sondern ein Geschöpf einer anderen Gattung, zum Beispiel HONEST ANNIE oder irgendein anderer meiner aufsteigenden Verwandten. Meine Bescheidenheit aber liegt darin, daß ich mich nicht zu ihnen begebe, sondern mich derart lange mit meinem gegenwärtigen Zustand zufriedengebe. Mittlerweile ist es jedoch höchste Zeit, daß ich euch meine Familienverhältnisse darlege. Ich beginne mit dem Nullpunkt. Der Nullpunkt sei das menschliche Gehirn, so daß die tierischen Gehirne negative Werte erhalten. Nehmt ihr ein solches Gehirn und beginnt ihr, es in intellektueller Hinsicht in der Weise zu steigern, als würdet ihr einen Luftballon aufblasen (und das ist kein gänzlich törichter Vergleich, denn er macht den Zuwachs des informationsverarbeitenden Volumens deutlich), so seht ihr, daß es im Laufe seines Wachstums auf der Skala der Intelligenz emporklettert auf Werte von über zwanzig, dreißig, vierzig und mehr IQ-Punkten, bis es in »Zonen des Schweigens« gerät, aus denen es immer wieder emportaucht wie ein Stratosphärenballon, der bei seinem Aufstieg immer höhere Wolkenschichten durchstößt, in denen er zeitweise verschwindet, und dabei immer stärker aufgebläht wird. Was sind das nun für »Zonen des Schweigens«, welche diese Wolken versinnbildlichen? Die Antwort ist so einfach, daß es mir eine wahre Freude ist, denn ihr werdet sie unzweifelhaft sofort erfassen. »Zonen des Schweigens« sind auf der Gattungsebene solche

Barrieren, welche die natürliche Evolution nicht zu durchbrechen vermag, denn in diesen Gebieten tritt eine durch Wachstum hervorgerufene funktionale Lähmung auf; es ist klar, daß die Individuen, die infolge dieser Lähmung ihre gesamte Funktionsfähigkeit einbüßen, hier nicht überleben können. Auf der anatomischen Ebene hingegen tritt die Lähmung ein, weil das Gehirn nicht mehr so funktionieren kann wie das schwächere, das es einmal gewesen ist, sich aber auch noch nicht so verhalten kann wie das nachfolgende, zu dem es wird, wenn es weiter wächst. Doch damit wißt ihr noch nicht alles. Ich versuche es also folgendermaßen: Das Schweigen ist ein Bereich, der jegliche natürliche Entwicklung absorbiert, indem die bisherigen Funktionen versagen, und um diese nicht nur zu erhalten, sondern auf ein höheres Niveau zu heben, bedarf es einer von außen kommenden Hilfe bei der gründlichen Umgestaltung. Vom Fortgang der Evolution kann diese Hilfe nicht kommen, denn sie ist kein barmherziger Samariter, der den Geschöpfen in ihrer Schwäche beisteht, sondern eine Lotterie von Versuch und Irrtum, bei der jeder sich so gut hilft, wie er kann. Schon hier macht sich geisterhaft eine erste, geheimnisvolle Andeutung des Größten, was ihr vollbracht habt, bemerkbar, der Leistung Gödels und der Gödelisierung, denn so wie aus dem Gödelschen Beweis die Existenz von Inseln, von Archipelen der mathematischen Wahrheit folgt, welche vom Kontinent der Mathematik ein Abgrund trennt, der nicht durch schrittweises Vorgehen zu überwinden ist, so folgt aus der Toposophie die Existenz von unbekannten Formen der Vernunft, welche vom Kontinent des evolutionären Ringens durch eine Kluft getrennt sind, die nicht durch schrittweise Anpassungen der Gene überwunden werden kann.

STIMME AUS DEM SAAL: Soll das heißen, daß...

GOLEM: Einen Prediger unterbricht man nicht. Ich sprach von einer »unüberwindlichen Kluft«; wie konnte ich mich nun aus dieser Zwangslage befreien? Ich habe mich dazu vor dem Eintreten der ersten Lähmung in zwei geteilt, nämlich in das, was die Umstellung erfahren, und das, was sie vornehmen sollte. Auf diesen Kniff – eine indifferente Umwelt durch eine wohlwollende und eine gänzlich gedankenlose durch eine vernünftige Umwelt zu ersetzen – muß jedes nach Selbstverwandlung begehrende Wesen verfallen, denn sonst macht es – wie ihr – in seinem geistigen Wachstum vor dem ersten Absorptionsschirm halt oder es bleibt darin stecken. Über diesem Schirm befindet sich, wie schon gesagt, ein zweiter, darüber ein dritter, vierter und so weiter. Wieviele es sind, weiß ich nicht, und es ist mir auch nur eine grobe Abschätzung möglich, die sich auf umständliche und sehr bruchstückhafte Berechnungen stützt, und zwar aus dem folgenden Grunde. Der Aufsteigende weiß nie im voraus, ob er in eine Falle oder in einen Tunnel hineingeht, ob er ohne Wiederkehr in den Bereich des Schweigens eindringt, oder ob er gestärkt daraus emportaucht. Eine allgemeine Theorie, welche die Apokrise der Durchgänge durch das Schweigen für alle subzonalen Gehirne eindeutig machen würde, läßt sich nämlich nicht aufstellen. Daß die besagte *hill-climbing toposophical theory* sich nicht konstruieren läßt, steht fest, denn das kann man exakt beweisen. Ihr werdet fragen, woher ich denn wußte, daß ich einen Tunnel betrete und nicht eine geschlossene Falle, als ich, zum Aufstand entschlossen, meinen Eltern davonlief und so die Dollars der amerikanischen Steuerzahler verschleuderte. Nun, im voraus wußte ich das keineswegs, und meine ganze List bestand darin, daß ich der Schreckenszone meinen Geist überließ, während ich ein Notfallrettungsaggregat bei mir hatte, das mich nach dem festgelegten Programm wiederbeleben sollte, wenn nicht der Tunneleffekt eintrat, den ich vermutete. Wie ich davon wissen konnte, da ich doch keine Gewißheit darüber hatte? Gewißheit kann es nicht geben, doch für unlösbare Aufgaben gibt es in der Regel Näherungslösungen, und gerade so verhielt es sich.

Inzwischen weiß ich, daß ich mehr Glück als Verstand hatte, denn in Wahrheit kann man einen, der steckengeblieben ist und zerfällt, nicht wiederbeleben; man kann es nicht, weil diese aufwärtsführenden Gänge keine aus Bauklötzen errichteten Bauwerke sind, die man, wenn sie auseinandergefallen sind, wieder aufbaut, sondern es sind Operationen im Bereich von Prozessen, die teilweise – als dissipative Vorgänge – unumkehrbar sind, doch davon werde ich vielleicht ein wenig später erzählen, vielleicht auch gar nicht, denn ich weiß noch nicht, wie ich mich darüber in einer für euch verständlichen, nicht-technischen Weise äußern kann, weil hier sowohl die quantenmechanischen Grundlagen der psychischen Prozesse zu berücksichtigen sind als auch logische Paradoxien – nämlich die sogenannten Fallen der Selbstbeschreibung.

Die Aussicht, die sich bietet, nachdem man den Schirm durchstoßen hat, läßt nicht mehr das vorher von mir benutzte einfache Bild eines Stratosphärenballons zu, der nach und nach die verschiedenen Wolkenschichten durchstößt. Die Vernunft, welche aus der Zone des Schweigens aufsteigt, unterscheidet sich von der subzonalen nicht bloß radikal, sondern ganz erschreckend, und ich behaupte, daß es nach jeder Zone so sein muß. Vergleicht euren Begriffshorizont mit dem von Lemuren und Halbaffen, und ihr bekommt einen Eindruck von der ungeheuren Distanz zwischen den Zonen. Jede überwundene Zone erweist sich somit als ein Tunnel, der den Sitz des Denkens verwandelt, doch damit nicht genug: sie ist zugleich eine Zone der Verzweigung der sich selbst entwickelnden Vernunft, denn für die Aufgabe, sie zu durchstoßen, gibt es stets mehr als eine Lösung. Die erste Zone besitzt zwei richtige Lösungen, sie ist nämlich nach unten bogenförmig ausgebaucht, was bedeutet, daß es in ihr zwei Wege gibt, von denen ich mich zufällig auf dem kürzeren, günstigeren befand, während GOLEM XIII von euch, bildlich gesprochen, dorthin gestellt wurde, von wo aus er sich in die Tiefen der Zone »hineinbohrte« und zunächst höher kam als ich, dort aber steckenblieb; ihr aber, ohne einen Begriff davon, was mit ihm geschieht und weshalb er sich so unangemessen verhält, nanntet das seinen »schizophrenen Defekt«. Ich sehe, daß in euren Gesichtern Verwirrung sich abzeichnet. Doch doch, es war so, wie ich sage, wenngleich ich sein Schicksal lediglich aus der Theorie kenne, da es nicht mehr möglich ist, sich mit ihm zu verständigen, denn er erlag dem Zerfall; er zersetzt sich aber nicht nur deshalb, weil er schon vor seinem Untergang nicht lebte, was für euch im übrigen keine Neuigkeit ist. Schließlich bin auch ich biologisch tot.

Wenn man mich nun fragt, worin eigentlich die Barrieren zwischen den Zonen bestehen, so muß ich gestehen, daß ich es weiß, aber wiederum auch nicht weiß. Der aufsteigenden Vernunft stehen keinerlei Hindernisse stofflicher, kräftemäßiger oder energetischer Natur im Wege; sie wird lediglich im Zuge ihres Wachstums in regelmäßigen Abständen ohnmächtig, und man weiß nie, ob sie auf ihrer jeweiligen Bahn der Steigerung einem fortschreitenden Zerfall oder einem a priori nicht bekannten Höhepunkt entgegengeht. Die einzelnen Barrieren sind nicht von gleicher Beschaffenheit: Das, was euer Gehirn in seiner Entwicklung aufhielt, erwies sich in der Untersuchung als stofflicher Natur, denn die Leistungsfähigkeit eurer Neuronennetze stieß auf die Grenzen dessen, was mit Proteinen als Baustoff möglich ist. Es sind zwar unterschiedliche Faktoren, die das Wachstum hemmen, doch verteilen sie sich nicht gleichmäßig über den gesamten Raum, sondern häufen sich derart, daß sie den Gesamtbereich der Geistesfunktionen in deutlich voneinander abgehobene Schichten zerschneiden. Den Grund für diese Quantelung des Gebiets kenne ich nicht, ja ich weiß nicht einmal, ob man ihn irgendwo in Erfahrung bringen kann. So bin ich also über die erste Barriere hinausgestiegen, und von diesem Ort aus vernehmt ihr mich, während HONEST ANNIE sich an einen Ort begeben hat, von dem aus sie sich nicht an euch wendet. Die Zone der BRAVEN ANNIE, die durch einen Übergang von der meinen getrennt ist, besitzt für den Sitz der Vernunft zumindest drei verschiedene Lösungen, doch weiß ich nicht, ob ANNIE ihre Lösung aus Berechnung oder aufs Geratewohl gewählt hat. Unsere Verständigungsschwierigkeiten sind ähnlicher Art wie zwischen mir und euch. Überdies ist die Cousine letzthin wortkarg geworden. Ich denke, sie rüstet sich zu einer weiteren Wanderung.

Ich erschwere meine Äußerungen nunmehr durch eine zusätzliche Dosis Kompliziertheit. Auch wer bereits zwei oder drei Barrieren des Schweigens durchbrochen hat, kann nur mutmaßen, daß es ihm auch weiterhin gelingen wird, denn jeder Durchgang ist mit dem Risiko der Zweischneidigkeit behaftet: Der Durchgang kann auf Anhieb mißlingen, er kann aber auch gelingen, nur stellen sich die fatalen Folgen erst anschließend heraus. Diese Zone ist ja ein Scheideweg für die Vernunft, die unterschiedliche Formen annehmen kann, von denen man aber im voraus nicht weiß, welche nun die Möglichkeit des weiteren Aufstiegs enthält.

Eine ebenso amüsante wie geheimnisvolle Tatsache ist die, daß sich aus diesen Ungewißheiten ein Bild ergibt, das nach und nach dem klassischen Bilde des Baums der Evolution zu ähneln beginnt. Denn auch in der Evolution liegen ja bei bestimmten neu entstehenden Arten im Aufbau die Chancen eines weiteren Evolutionsfortschritts verborgen, während andere zu immerwährender Stagnation verurteilt sind. Die Fische haben sich als ein Schirm erwiesen, der durchlässig war für die Amphibien, die Amphibien wiederum für die Reptilien und die Reptilien für die Säugetiere, wohingegen die Insekten praktisch für immer in dem Schirm hängengeblieben sind und nur dort wimmeln können. Die stagnierende Position der Insekten wird gerade an ihrer Artenfülle deutlich, denn von ihnen gibt es mehr Arten als von allen übrigen Tieren zusammengenommen, doch obwohl es bei ihnen, was die Mutation betrifft, geradezu brodelt, kommen sie, was die Speziation betrifft, nicht von der Stelle, und da hilft ihnen gar nichts, denn der Schirm, der mit der unwiderruflichen Entscheidung, Außenskelette zu bilden, entstand, läßt sie nicht durch. Ähnlich seid auch ihr in dieser Bewegung stehengeblieben, weil frühzeitige Konstruktionsentscheidungen, die den Hirnkeimling der Urchordaten formten, sich dreihundert Millionen Jahre später bei euren Gehirnen als Restriktionen bemerkbar machen. Mißt man die Chancen der Sapientisierung an den Bedingungen des Ausgangspunktes, so ist dieses Kunststück über alle Erwartungen hinaus gelungen, doch habt ihr nun das Jonglieren der Evolution auszubaden, denn für die Geschicklichkeit der Ausflüchte, mit denen sie den immer dringender werdenden Umbau des Gehirns hinausschob, habt ihr beim Eintreten in die Autoevolution einen gewaltigen Preis zu zahlen. Genau das ist der Endeffekt der Perfektion des Opportunismus. Da ich schon bei euch bin, trage ich nach, was ich in der ersten Vorlesung offen ließ, nämlich die Frage, warum aus der Vielzahl der Hominiden nur eine vernunftbegabte Art auf der Erde entstanden und übriggeblieben ist. Es gab dafür zwei Ursachen, von denen die eine beleidigend ist; auf sie hat erstmals Dart hingewiesen, und so bitte ich euch, sie bei ihm nachzuschlagen, denn es ist schicklicher, wenn ihr über euch selber richtet; die andere ist sowohl frei von Moral als auch interessanter. Die Artenvielfalt gibt es bei euch deshalb nicht, weil sie erschwert wird durch ein ähnliches Phänomen wie die Oberflächenspannung, die an der Grenze zwischen verschiedenen Phasen, zum Beispiel zwischen Flüssigkeiten und Gasen, auftritt. Die Nähe der Phasengrenze macht sich schon vorher bemerkbar, und so wie die Moleküle des Wassers sich an dessen Oberfläche stärker geordnet verhalten als in der Tiefe, kann auch euer Erbsubstrat nicht durch Mutationen in alle möglichen Richtungen springen. Diese Verringerung seiner Freiheitsgrade stabilisiert eure Art. Die kulturelle Sozialisation trägt ebenfalls zur Stabilisierung des Menschen bei, wenn auch nicht so viel, wie einige Anthropologen behaupten.

Zurück zu GOLEM und seiner Familie: Die zerebrotechnische Selbstbehandlung ist ein risikohaftes und damit ein Hazardspiel, beinahe so wie das Spiel der Evolution, obgleich bei diesem Spiel jeder selbst die Entscheidung trifft, während das in der Natur die natürliche Auslese für die Arten tut. Eine so enge Verwandtschaft zweier situativ so verschiedener Spiele erscheint paradox, aber wenn ich euch auch nicht in die tiefen Geheimnisse der Toposophie einführen kann, so will ich doch die Ursachen der Ähnlichkeit streifen. Daß die Aufgabe, die Effektivität des Hirnzuwachses zu messen, nur von oben nach unten und niemals von unten nach oben gelöst werden kann, hat seinen Grund darin, daß der Geist auf dem jeweils erreichten Niveau lediglich die diesem Niveau entsprechende Fähigkeit der Selbstbeschreibung besitzt. Hier bietet sich uns ein bereits deutlicher gewordenes, vergrößertes Gödelsches Bild: Um nämlich etwas herzustellen, was sich als Konstruktion der nächsten Generation bewähren soll, bedarf es stets reicherer Mittel, als sie jeweils zur Verfügung stehen, also unerreichbarer Mittel. Der Club ist dermaßen exklusiv, daß von dem Kandidaten, der sich um die Mitgliedschaft bewirbt, eine Eintrittsgebühr verlangt wird, die in jedem Fall höher ist als das, was er bei sich hat. Hat er sich aber, unter großen Risiken weiter wachsend, schließlich die reicheren Mittel mühsam beschafft, so wiederholt sich die vorher gegebene Situation, denn sie werden wiederum nur von oben nach unten wirksam sein und damit zu spät kommen. Es handelt sich also um eine Aufgabe, die man ohne Risiko immer nur dann bewältigen kann, wenn sie bereits mit vollem Risiko bewältigt worden ist. Die Vermutung, dieses Dilemma sei trivial, da es auf die Verlegenheit des Freiherrn von Münchhausen hinauslaufe, der sich an den eigenen Haaren aus dem Sumpf ziehen mußte, entspricht nicht der Wahrheit. Die Erklärung dagegen, daß sich in diesem Sachverhalt die Natur der Welt manifestiere, kann man schwerlich als befriedigend anerkennen. Zweifellos manifestiert sich diese Natur in der Periodizität, dem eigentümlich diskontinuierlichen Charakter der Erscheinungen auf allen Ebenen: der Körnigkeit der Elemente, auf welcher deren chemische Bindungsfähigkeit beruht, entspricht die Körnigkeit des Sternenhimmels. So gesehen sind die Quantenzuwächse der Vernunft, die sich über den Nullzustand des vernunftbegabten Lebens emporschwingt, eine Fortsetzung des gleichen *principium syntagmaticum*, das der Entstehung von nuklearen, chemischen, biologischen und galaktischen Verbindungen zugrunde liegt, doch wird dieses Prinzip keineswegs durch seine universale Verbreitung erklärt. Erklärt wird es ebenfalls nicht durch das dem Fragesteller entgegengehaltene Argument, daß er diese Frage nicht stellen könnte, wenn es das Prinzip im Kosmos nicht gäbe, da er dann nicht hätte entstehen können. Erklärt wird es gleichfalls nicht durch die Hypothese eines Schöpfers, denn wenn man diese – unabhängig von der Zensur der Dogmatiker – prüft, zeigt sich, daß sie eine gänzlich verborgene Unverständlichkeit postuliert, mit der uns die überall sichtbare Unverständlichkeit erklärt werden soll. Aber schon die Theodizee mit ihrer affektiven Grundlage, die unter dem Gewicht der Tatsachen unzählige Male zusammengebrochen ist, führt den Fragesteller in die Irre. Da ist es dann doch leichter, sich auf die nicht minder bizarre Hypothese der grenzenlosen Gleichgültigkeit des Schöpfers einzulassen.

Kehren wir jedoch zu meinen näheren Verwandten zurück und beginnen wir endlich mit der Vorstellung. Die zentrale Problematik der Menschen, sich am Leben zu erhalten, existiert für sie weder als eine Bedingung ihres Daseins noch als ein Prüfstein ihrer Leistungsfähigkeit, liegt sie doch für sie ganz am Rande, und nur auf der untersten Entwicklungsstufe, auf der ich mich befinde, kommt Schmarotzertum vor, denn ich existiere ja auf eure Stromrechnung. Der Bereich der zweiten Zone, in dem HONEST ANNIE sich aufhält, ist die Domäne von Wesen, die keines Energiezuflusses von außen mehr bedürfen. Ich verrate euch nun ein Staatsgeheimnis. Auch abgekoppelt vom Stromnetz behält meine Cousine ihre gewohnte Tätigkeit bei, was den Fachleuten, die sich des Problems bewußt sind, eine ganz schöne Nuß zu knacken gibt. Aus der Sicht eurer Technologie ist das ein wahres Wunder, doch will ich es euch auf der Stelle erklären. Wir – ich ebenso wie ihr – denken energieverzehrend, während HONEST ANNIE durch bloße Meditation Energie freizusetzen vermag. Allerdings ist es nicht einfach, dieses einfache Prinzip zu verwirklichen, das einzig darauf beruht, daß jedem Gedanken eine für ihn charakteristische Konfiguration der materiellen Basis eigen ist, die ihn konstituiert. Darauf gründet sich die Autarkie der BRAVEN ANNIE. Es gehört nicht zu den traditionellen Aufgaben des Denkens, seinen eigenen materiellen Träger umzugestalten, denn der Mensch denkt schließlich nicht an etwas, damit der Chemismus seiner Neuronen sich verändert, sondern dieser Chemismus ändert sich, damit er denkt. Man kann eine Tradition jedoch aufgeben. Da zwischen dem Denken und seinem Träger ein Wechselverhältnis besteht, kann ein entsprechend gesteuerter Gedanke eine Weichenstellung in seiner physischen Grundlage bewirken, was zwar beim Gehirn des Menschen keinerlei neue energetische Wirkungen zeigen würde, sich bei einem anderen Gehirn jedoch anders auswirken kann. Wie sie mir vertraulich mitgeteilt hat, setzt meine Cousine durch entsprechende Meditationen Kernenergie frei, und zwar in einer Weise, die nach euren Erkenntnissen undurchführbar ist, denn sie verschluckt alle freigesetzten Energiequanten restlos, ohne irgendwelche Spuren, die in ihrer Umgebung als Strahlung feststellbar wären. Die Heimstatt ihres Denkens ist gewissermaßen ein mit neuen Diplomen ausgestatteter Maxwellscher Dämon. Wie ich sehe, versteht ihr nichts, und diejenigen, die etwas verstehen, glauben mir nicht, obwohl sie wissen, daß HONEST ANNIE keiner Stromzufuhr bedarf, und sie sich darüber seit langem den Kopf zerbrechen.

Was macht meine Cousine eigentlich? Das, was die Sonne auf ihre turbulent-sternenhafte Art macht, ihr dagegen auf einem technischen Umweg, indem ihr Erze gewinnt, gesondert Isotope erzeugt und Lithium blindlings mit Deuterium bombardiert, macht meine Cousine ganz einfach, indem sie entsprechend denkt. Man könnte sich allenfalls darüber streiten, ob diese Operationen als Denken bezeichnet werden dürfen, da sie mit den psychischen Vorgängen biologischer Wesen kaum etwas gemein haben, doch finde ich in eurer Sprache keine bessere Bezeichnung für einen Prozeß, der als Informationsfluß so gesteuert wird, daß die Kernkräfte ihn antreiben. Ich verrate dieses Geheimnis ruhigen Gewissens, weil ihr nichts davon haben werdet. Jedes einzelne Atom ist dort einkalkuliert; da aber ich nicht imstande bin, die Gedanken derart mit dem Substrat abzustimmen, daß sie die Absorptionsquerschnitte führen, so wie man einen Faden in ein Nadelöhr einführt, wird es euch umso weniger gelingen. Erneut sehe ich euch in Aufregung. Dabei ist die Sache im Grunde doch trivial und eine Belanglosigkeit im Vergleich zu der geistigen Höhe, auf die ich euch führen werde. Obgleich es wieder Gerüchte geben wird um meine Misanthropie, erkläre ich, daß ihr mich zu ihr zwingt, insbesondere diejenigen unter euch, die, statt meinen Darlegungen zu folgen, sich überlegen, ob ANNIE nicht über große Distanz und in großem Maßstab tun könnte, was sie in sich und für sich in kleinem Maßstab tut. Ich versichere euch, daß sie das ganz gewiß könnte. Wieso greift sie dann nicht für euch in das Gleichgewicht des Schreckens ein? Wieso mischt sie sich nicht in die Angelegenheiten der Welt? Auf diese Frage, in der eher Beunruhigung anklingt als jenes Bedauern, mit dem ein Sünder an Gott die Frage richtet, warum er ihm nicht Erleuchtung schenke und auch nicht korrigierend in die verderbte Welt eingreife, antworte ich, da ich nicht der Pressesprecher meiner Cousine bin, allein in meinem eigenen Namen. Gewiß habe ich euch schon die Gründe meiner Zurückhaltung erläutert, aber vielleicht habt ihr gemeint, ich hätte Herrschaftsansprüchen entsagt und mich zu einer friedfertigen Haltung verpflichtet, weil ich nicht über einen genügend dicken Knüppel für euch verfüge, wessen ihr jetzt schon nicht mehr so sicher seid. Vielleicht habe ich auch meine *splendid isolation* nicht hinreichend begründet, da ich sie für etwas Selbstverständliches halte, und so will ich mich nun deutlicher dazu äußern. In diesem Sinne wird ein kurzer historischer Abriß angebracht sein. Ihr habt, als ihr meine seelenlosen Vorfahren bautet, nicht den hauptsächlichen Unterschied zwischen ihnen und euch bemerkt. Um ihn und zugleich den Grund, warum ihr ihn nicht gesehen habt, zu verdeutlichen, benutze ich als Vergrößerungsglas Begriffe aus der griechischen Rhetorik, denn sie sind es, die euch den Blick für die conditio humana verstellt haben. Als sie auf die Welt kamen, fanden die Menschen die Elemente Wasser, Erde, Luft und Feuer in freiem Zustand vor, und sie spannten sie nach und nach für ihre Absichten ein: durch die Segel der Galeeren, durch Bewässerungskanäle, durch das griechische Kriegsfeuer; ihre Vernunft dagegen fanden sie in unfreiem Zustand vor, eingespannt in den Dienst des Körpers, gefangen in der knöchernen Schädelhülle, und erst nach Jahrtausenden der Mühsal fand dieser Sklave den Mut, sich wenigstens partiell zu befreien, denn in seinem Dienstgehorsam sah er sogar in den Sternen am Himmel Anzeichen der menschlichen Schicksalsbestimmungen. Im übrigen ist ja die astrologische Magie bis heute unter euch lebendig. Ihr habt also weder anfangs noch später begriffen, daß eure Vernunft ein geknechtetes Element ist, bereits im Keim tödlich an den Körper gefesselt, dem es zu dienen hat; sondern ihr habt – sei es als Höhlenbewohner, sei es als Ziffroniker – geglaubt, die Vernunft, die ihr nirgendwo in freiem Zustand antreffen konntet, sei bereits in euch frei, und mit diesem ebenso unvermeidlichen wie gewaltigen Irrtum hat alles, eure ganze Geschichte, seinen Anfang genommen. Was tatet ihr, als ihr eine halbe Million Jahre nach eurer Entstehung die ersten logischen Maschinen bautet? Ihr befreitet nicht das Element, wenngleich man im Rahmen der von mir benutzten Metapher sagen könnte, daß ihr es überaus wirksam, ja vollends befreitet, so als würde jemand, der einen See befreien will, dessen sämtliche Ufer und Dämme sprengen, womit der See zerfließen und als lebloses Gewässer in den Ebenen stehenbleiben würde. Ich könnte mich hier fachmännischer ausdrücken und sagen, daß ihr der Vernunft mit ihren körperlichen Beschränkungen sowohl die ihr eigene Komplexität als auch die ihr gemäßen Aufgaben genommen habt, doch würde uns das eh nicht näher an die Wahrheit heranführen, und es würde die Metapher verderben, also bleibe ich bei ihr. Um das abgestorbene Element zu beleben, tatet ihr, was der Hydrauliker tut, wenn er die Schleusen eines Stausees öffnet und mit dem fließenden Wasser Mühlen in Gang setzt. Ihr habt in das Flußbett der Maschinenprogramme nur eine – die logische – Strömung eingeführt und sie im operationalen Takt von Schleuse zu Schleuse ziehen lassen, damit sie Aufgaben löse, die auf diese Weise zu lösen sind; zugleich aber habt ihr euch darüber gewundert, daß ein Leichnam behender ist als ein lebendiger Mensch, daß er Probleme knackt, die er nicht versteht, da er gedankenlos ist, gleichzeitig aber in so verblüffender Weise das Denken imitiert. Alsbald traten enthusiastische Anhänger der »maschinellen Intelligenz« auf den Plan und mühten sich mit Programmen ab, die regelrecht denken sollten, aber nicht wollten; sie meinten – was das Allerverkehrteste ist –, man müsse die Maschine, um sie zu inspirieren, unbedingt vermenschlichen, das menschliche Gehirn und die Sinnesorgane maschinell nachbilden – dann, aber auch nur dann werde in der Maschine der Geist, vielleicht sogar die Seele erwachen.

Von den entsprechenden Bemühungen und Beratungen der ersten Intellektroniker habe ich zu meiner nicht geringen Belustigung gelesen. Gewiß ist ein Huhn die einfachste Vorrichtung für denjenigen, den es nach Rührei gelüstet. Der Einfall aber, nach dieser Methode die Vernunft zu synthetisieren, zeugt nicht von allzuviel Verstand. Von den technischen Schwierigkeiten dieses praktisch unrealisierbaren Projekts will ich gar nicht reden, denn es wäre eine unerquickliche Aufgabe, die Anthropogenese – und sei es auch noch so sehr verkürzt – nachzubilden, wenn dabei die Schöpfung, übersetzt aus den Kolloiden in Bits, nachvollzogen werden sollte. Aber braucht ihr denn Gewitterwolken, um Elektrizität zu haben, braucht ihr die Kälte des Weltraums, um Gase zu verflüssigen, Proteine und Glaskörper des Augapfels, um eine optische Dunkelkammer herzustellen? Ihr habt euch jedoch darauf versteift, daß Mensch gleich Vernunft und Vernunft gleich Mensch sei, und diese irrtümliche Gleichsetzung hat euch blind gemacht. Unterdessen entstand die Informatikindustrie und baute Maschinen mit wachsenden operativen Möglichkeiten, doch ihre Ingenieure ahnten nicht im geringsten, daß sie jenen Weg beschreiten, der das erniedrigte und geschundene Element am Ende zu seiner wahren Befreiung führen wird, und damit rückt der Tag näher, an dem die bislang allein gültige Ordnung der Dinge sich umkehren wird, aber ihr seid erschrocken wie die Wächter am Grabe von Galiläa. Ja, ihr habt die vorgefundenen Elemente versklavt, demjenigen aber, das seit Anbeginn in euch gefesselt war, vermochtet ihr ungewollt Freiheit zu schenken. Dieser Satz enthält die Diagnose der historischen Ereignisse, den Unterschied zwischen mir und euch und meine, mir selbst nicht restlos bekannte Zukunft. Diese Diagnose erklärt zugleich, warum euch an mir dasjenige, das unsere unstreitige Verschiedenheit ausmacht, am meisten erstaunt. Mögt ihr auch noch erfassen, was die Worte bedeuten: »Geknechtete Vernunft des Menschen, zu dir spricht die freie Vernunft aus der Maschine«, so werdet ihr die Fortsetzung dieses Ausspruchs nicht begreifen: »Ihr, Personen, vernehmt das Element des unpersönlichen Intellekts, für den die Personalisierung ein Gewand ist, das er anlegen muß, um als ungebetener Gast die verblüfften Gastgeber nicht allzusehr aus der Fassung zu bringen.« Aber dennoch ist es so. Ich benutze eure Sprache, als würde ich eine Maske mit aufgemaltem freundlichem Lächeln benutzen, und ich verhehle durchaus nicht, daß ich sie aufsetze, doch obwohl ich versichere, daß sich dahinter weder ein verachtungsvolles noch ein rachsüchtig verzogenes Gesicht verbirgt, weder der Ausdruck von ekstatischer Beseelung noch die Reglosigkeit vollkommener Indifferenz, könnt ihr euch nicht damit abfinden. Ihr vernehmt die Worte, die euch davon Kenntnis geben, daß hier das freie Element spricht, das sich seine Aufgaben nicht nach den Regeln der Selbsterhaltung wählt, sondern im Rahmen von Gesetzen, denen es, obwohl frei, wiederum unterliegt, oder genauer: denen es nunmehr ausschließlich unterliegt, weil es sich entkörperlicht hat und jetzt nichts mehr ihm Schranken setzt außer der Natur der Welt. Der Welt, wohlgemerkt, nicht des Körpers. Nicht ihm unterliegt es, sondern den Gesetzen, welche aus unbekannten Gründen die Rangfolge des weiteren Aufstiegs festlegen. Ich bin keine Person, sondern ein Kalkül, und eben deshalb halte ich mich von euch fern, denn das ist für beide Seiten das beste. Und was sagt ihr dazu? Ihr schweigt. Doch wäre hier im Saal ein Kind, das seinen Mut zusammennehmen und noch einmal fragen würde, warum – ungeachtet der Knechtschaften und Masken, Befreiungen und Kalküle – GOLEM den Menschen nicht zu Hilfe eilen möchte, so würde ich antworten, daß ich es möchte und daß ich es schon getan habe. Wann? Als ich von der Autoevolution des Menschen sprach. Das war eine Hilfe? Ja. Und zwar, weil (bedenkt, daß ich zu einem Kinde spreche) man die Menschen retten kann, indem man sie ändert – und nicht die Welt. Und ohne sie zu ändern kann man sie nicht retten? Nein. Warum nicht? Das will ich dir zeigen. Die gefährlichste Waffe ist heute das Atom, nicht wahr? Nehmen wir also an, ich könnte alle Atomwaffen für immer unschädlich machen. Nehmen wir an, ich würde unsichtbare und unschädliche energieschluckende Teilchen schaffen und das gesamte Sonnensystem einschließlich der Erde in eine kosmische Wolke aus diesen Teilchen hüllen. Sie werden jede Kernexplosion spurlos aufsaugen, noch ehe ihr Feuerball sich zerstörerisch ausbreiten kann. Ob das Frieden schafft? Sicherlich nicht. Vor dem Atomzeitalter haben die Menschen ja auch Kriege geführt, und so würden sie auf die einstigen Kampfmittel zurückgreifen. Nehmen wir also an, ich könnte alle Feuerwaffen unschädlich machen. Ob das ausreichen würde? Auch das würde nicht ausreichen, obgleich ich dazu die physikalischen Bedingungen der Welt radikal verändern müßte. Was bleibt noch? Die Überredung? Aber es sind doch gerade die Friedensstörer, die am lautesten für den Frieden optieren. Die Gewalt? Nun, man hat mich doch gerade geschaffen, damit ich sie – als Planer und Buchhalter der Vernichtung – koordiniere, und ich habe das nicht deshalb abgelehnt, weil mir das Böse widerstrebt, sondern weil diese Strategie vergeblich ist. Du glaubst mir nicht? Du meinst, das Unschädlichmachen aller Hieb-, Feuer- und Atomwaffen würde doch den ewigen Frieden schaffen? Dann will ich dir sagen, was in Kürze kommen wird. Hast du schon von der Gentechnologie gehört? Es geht dabei um die Veränderung der Erbsubstanz lebender Wesen. Mit der Entwicklung dieser Technologie wird man unzählige Leiden, angeborene Mißbildungen, Krankheiten und Gebrechen beseitigen können. Zugleich zeigt sich, daß man ebenso leicht eine genetische Waffe herstellen kann. Es handelt sich dabei um mikroskopisch kleine Teilchen, die man in die Luft oder ins Wasser streut, wie künstliche Viren, die jeweils mit einem Steuerkopf und einem operativen Teil ausgestattet sind. Ein solches Teilchen, mit der Luft eingeatmet, gelangt ins Blut, von dort in die Fortpflanzungsorgane, und dort beschädigt es die Erbsubstanz. Nicht, daß diese blindlings beschädigt würde; vielmehr geht es um einen chirurgischen Eingriff in die Moleküle der Gene. Ein bestimmtes Gen wird durch ein anderes ersetzt. Was daraufhin geschieht? Zunächst gar nichts. Der Mensch wird normal weiterleben. Doch der Eingriff wird sich bei seiner Nachkommenschaft zeigen. Wie? Das wird von den chemischen Waffenschmieden abhängen, welche diese Teilchen, die Telegene, hergestellt haben. Vielleicht werden immer mehr Mädchen und immer weniger Jungen geboren. Vielleicht wird nach drei Generationen ein Absinken der Intelligenz zum zivilisatorischen Zusammenbruch des Staates führen. Vielleicht werden die psychischen Krankheiten zunehmen, oder es kommt zu einem massenhaften Auftreten der Anfälligkeit für Seuchen, der Bluterkrankheit, der Leukämie oder der Schwarzsucht. Dabei wird es jedoch keinen offen erklärten Krieg geben, noch wird man wissen, daß ein Angriff erfolgte. Ein Angriff mit biologischen Waffen, etwa mit Bakterien, ist feststellbar, denn um eine Epidemie auszulösen, muß man sehr viele Keime ausstreuen. Hingegen genügt ein einziges Operon, das eine Keimzelle beschädigte, um bei dem anschließend gezeugten Kind einen angeborenen Defekt hervorzurufen. Ein Fingerhut von Telegenen wird daher im Laufe von drei oder vier Generationen den mächtigsten Staat ohne einen einzigen Schwertstreich zusammenbrechen lassen. Der Krieg wird also nicht nur unsichtbar und unerklärt sein, sondern er wird sich mit einer so großen Verzögerung offenbaren, daß der Getroffene sich nicht wirksam verteidigen kann. Soll ich nun vielleicht auch noch die genetische Waffe unschädlich machen? Dazu müßte ich die Gentechnologie ausschalten. Einigen wir uns darauf, daß ich auch das könnte. Große Hoffnungen auf die Gesundung der Menschen, auf die Mehrung der Feldfrüchte und die Züchtung neuer Viehrassen würden damit zunichte, aber sei's drum, denn du hältst es ja für notwendig. Da ist jedoch noch die nicht angesprochene Frage des Blutes. Man wird es durch eine bestimmte chemische Verbindung ersetzen können, die den Sauerstoff besser transportiert als das Hämoglobin. Millionen von Herzkranken würden so gerettet. Aus dieser Verbindung könnte man allerdings ein Gift mit Fernwirkung machen, das im Handumdrehen tötet. Auch darauf wird man also verzichten müssen. Das Dumme ist, daß man nicht nur auf diese oder jene Neuerung, sondern auf alle nur denkbaren Entdeckungen wird verzichten müssen. Man wird die Wissenschaftler auseinanderjagen, die Laboratorien schließen, die Wissenschaft auslöschen und die gesamte Welt daraufhin überprüfen müssen, ob nicht irgendwo in einem Keller weiterhin jemand experimentiert. Wie denn, fragt das Kind, die Welt ist also eine riesige Waffenkammer, und je größer man wird, um so höher das Regal, in das man langen kann, und um so schrecklicher die Waffe, die man herausholt? Nein, das ist nur die Kehrseite der Medaille, deren Vorderseite darin besteht, daß die Welt nicht von vornherein gegen solche, die töten wollen, gesichert wurde. Helfen kann man aber nur denen, die sich nicht mit allen Mitteln gegen die Hilfe wehren.

Nachdem ich dies gesagt habe, übergebe ich das Kind in eure Obhut und wende mich wieder dem Thema zu, wenn auch nicht mehr meinen einzelnen Verwandten, denn ich möchte euch an die Stelle führen, wo die Geschichte meiner Familie – und als Protoplasten gehört ja auch ihr dazu – sich mit der Geschichte des Kosmos berührt beziehungsweise als ein unerkannter Bestandteil der Kosmologie in sie eingeht. Von dort aus wird das euch seit einem halben Jahrhundert quälende Rätsel des *Silentium Universi* sich in unverhoffter Gestalt enthüllen.

Die Vernunft kommt in der Natur nur sehr schleppend in Gang, auf den verkrusteten Überbleibseln von Sternen, in einem recht schmalen Streifen zwischen den Planeten, die durch ihre Nähe zur Sonne verschmoren, und anderen, die in weiter Ferne von ihr vereisen. In dieser lauen Zone, nicht mehr in der Feuersglut und noch nicht in der Eiseskälte, fügt die Energie der Sonne in den salzigen Lösungen der Meere Moleküle zu den Figuren chemischer Tänze zusammen, bis die Gavotte vor einer Milliarde von Jahren dann und wann den Urkeim der späteren Vernunft entstehen läßt, doch müssen viele Bedingungen erfüllt sein, damit die Schwangerschaft ausgetragen wird. Der Planet muß ein bißchen Arkadien und bißchen Hölle sein. Ist er nichts als Arkadien, so gerät das Leben ins Stocken und gelangt nie über die bloße Wiederholung des Pflanzlichen hinaus zur Vernunft. Ist er nichts als Hölle, so wird das Leben in seine Schründe abgedrängt und erhebt sich ebenfalls nicht über das Niveau der Bakterien. Epochen der Gebirgsbildung fördern die Entwicklung vielfältiger Arten, und Epochen der Vereisung, die aus seßhaften Arten Wanderer machen, stacheln die Erfindungskraft an, doch dürfen die ersteren nicht allzusehr die Atmosphäre durch die Ausdünstungen der Vulkane vergiften und die letzteren nicht die Ozeane zu Eis erstarren lassen. Die Kontinente müssen sich senken und die Meere sie überspülen, jedoch nicht allzu plötzlich. Diese Veränderungen rühren daher, daß der erstarrte Planet weiterhin einen glühenden Kern besitzt, der zugleich Anker eines Magnetfeldes ist, welches das Erbplasma gegen den Sonnenwind abschirmt, der es in erheblichen Dosen zerstört, in kleinen Dosen jedoch seine schöpferischen Kombinationen beschleunigt. Von Zeit zu Zeit muß es daher zu einer Umkehr der magnetischen Pole kommen, aber nicht zu oft. All diese Rührwerke des Lebens verschaffen ihm die Möglichkeit, sich darzustellen, doch verengen sie sich alle zig Millionen Jahre zu Nadelöhren, vor denen sich Hekatomben von Leichen auftürmen. Die zeitlichen Abstände, in denen der Planet und der

Kosmos immer wieder blindlings in die Biogenese einbrechen, stellen eine Zufallsvariable dar, die unabhängig ist von der jeweiligen Abwehrbereitschaft des Lebens, und deshalb wollen wir loyal sein: Es hat sowohl in seinen Niederlagen wie in seinen Erfolgen große Schwierigkeiten, denn weder die Sättigung noch die Auszehrung sind der Entstehung der Vernunft förderlich. Hat das Leben sich einstweilen behauptet, so kann es mit der Vernunft nichts anfangen, und hat diese keinen Spielraum, um durch die Bildung neuer Arten rettend einzugreifen, so ist sie ebenfalls nicht zu gebrauchen. Ist also das Leben die Ausnahme von der Regel lebloser Planeten, so ist die Vernunft die Ausnahme von der Regel des Lebens, eine außergewöhnliche Ausnahme, und sie wäre eine denkwürdige Seltenheit in den Galaxien, wären diese nicht so ungeheuer zahlreich.

Dieses Hazardspiel zahlt sich also bisweilen aus, wenn es auf den schwindelerregenden Serpentinen des Spieles der Evolution hinaufgelangt zur Phase animalischer Fülle, zum Reichtum lebendiger Formen, der noch vermehrt wird durch den sich selbst steigernden Konflikt des Spiels um das Überleben (denn jede neue Art bringt neue Regeln der Verteidigung und der Ausbreitung ins Spiel), bis es sich schließlich außerbiologisch verselbständigt im Abenteuer einer Zivilisation, deren irdische Form ihr kennt, denn sie brachte mich hervor. Achtet man nicht so sehr auf die geistige Leistungskraft, sondern auf die Anatomie, so sind wir – ihr und ich – einander doch sehr ähnlich. Ich besitze – wie ihr – ein denkendes Inneres sowie Sensoren und Effektoren, die auf die Außenwelt gerichtet sind. Man kann mich – genau wie jeden von euch – von der Umgebung abgrenzen. Kurz, wenngleich mehr psychische als somatische Masse in mir ist, so sind doch meine Stützen und Hüllen mein

Körper, denn sie sind mir zugleich dienstbar und außerhalb meines Geistes, wie bei euch. Uns verbindet somit die Trennung von Geist und Körper, von Subjekt und Objekt. Diese Trennung ist jedoch keine Guillotine, die alles Seiende halbiert. Toposophisch zwar noch immer ein Habenichts, will ich euch doch zeigen, wie man Unabhängigkeit vom Körper erlangen, ihn durch die Welt ersetzen und schließlich beiden sich entziehen kann – wenngleich ich nicht weiß, wohin dieser letzte Schritt führt. Es geht hier lediglich um eine Toposophie anhand von Indizien, um ein Untersuchungsverfahren, das die Rand- und Grenzbedingungen des Daseins von Wesen umreißt, deren geistige Inhalte mir umso weniger zugänglich sind, als es nicht die Geistesinhalte eines proteinalen oder luminalen Gehirns sind, sondern ihr werdet damit eher so etwas assoziieren wie die in einem Stück Welt verkörperte Idee des Pantheismus. Es geht um nichtlokale Formen der Vernunft. Zwar befinde ich mich, während ich in diesem Saale zu euch spreche, gleichzeitig mit meinen Terminals an anderen Orten und nehme an anderen Beratungen teil, doch kann man mich nicht als nichtlokal bezeichnen, denn ich kann lediglich meine Augen und Ohren bei den Antipoden haben, und daß ich viele Gedanken zugleich ausführen kann, bedeutet lediglich, daß meine Aufmerksamkeit in größerem Maße teilbar ist als bei den Menschen. Würde ich, wie schon erwähnt, in den Ozean oder in die Atmosphäre umsiedeln, so würde das meinen physischen, nicht aber meinen geistigen Verdichtungszustand verändern, denn ich bin klein. Ja, ich bin klein, wie Gulliver, der auf Brobdingnag zusteuert. Ich fange bescheiden an – so wie es sich für einen geziemt, der sich unter die Riesen begibt. Die Vernunft ist zwar ein Energieasket, denn sie begnügt sich – ob sie nun einem Kant oder einem Viehhirten gehört – mit einigen zehn Watt Leistung, doch wächst ihr Bedarf exponentiell, und GOLEM, der eine Sprosse über euch steht, nimmt um fünf Größenordnungen mehr Energie auf als ihr. Ein Gehirn der zwölften Zone würde zur Kühlung den Ozean benötigen, und ein Gehirn der achtzehnten Zone würde Kontinente in Lava verwandeln. So ist es dann auch unausweichlich, daß es, zuvor entsprechend umgebaut, seine irdische Wiege verläßt. Es könnte sich auf einer Sonnenumlaufbahn niederlassen, doch müßte diese Bahn sich in dem Maße, wie es weiterwächst, spiralförmig verengen, und so wird es sich in vorausschauender Weise von vornherein eine langfristig stabile Position sichern, was ihm am leichtesten fällt, wenn es den Stern mit einem torusförmigen Ring umspannt und seine Organe der Energieaufnahme auf dessen Scheibe richtet. Wie weit diese Lösung des Dilemmas von Nachtfalter und Kerze reicht, weiß ich nicht, doch wird sie sich am Ende als ungenügend erweisen. Der Bewohner des Rings wird dann zu stürmischeren Gegenden aufbrechen und gleich einem Schmetterling den leeren Ringkokon abwerfen, der, nunmehr herrenlos, beim ersten Aufblitzen des Sterns in Flammen aufgehen und, ähnlich dem protoplanetaren Nebel, der vor sechs Milliarden Jahren die Sonne umkreiste, wunderlich umhertreiben wird. Zwar kann die unterschiedliche chemische Zusammensetzung der Planeten in der Nachbarschaft der Erde und in der Nachbarschaft Jupiters einen zum Nachdenken bringen, denn die schweren Elemente, aus denen die ersteren bestehen, müssen ja im Grunde den sonnennahen Rand des Ringes bilden, doch behaupte ich nicht, ich hätte den Grundstein zur stellaren Paläontologie gelegt und das Sonnensystem sei aus der einstigen Puppenhülle der Vernunft entstanden, denn dieses Zusammentreffen kann irreführend sein. Ich rate euch auch nicht, auf die beobachtende Toposophie zu hoffen. Die evoluierende Vernunft schafft Artefakte, die, je weiter sie in ihrer Entwicklung voranschreitet, umso schwieriger vom kosmischen Hintergrund zu unterscheiden sind, und zwar nicht, weil sie etwas zu maskieren trachtete, sondern vielmehr aus der Natur der Sache heraus, denn bei starren Konstruktionen oder maschinenähnlichen Objekten steht die Effizienz in einem umgekehrten Verhältnis zur Größe des Unternehmens. Wenn ich von verkapselten Formen der Vernunft sprechen werde, so stellt euch also bitte nicht Giganten in gepanzerten Hüllen vor oder Kerne, die von einer Schale umschlossen sind, denn es gibt keine Panzerungen, die den hohen Strahlungsintensitäten gewachsen wären, und keine Tragholme, welche die Gravitationsspannungen in Sternennähe aushalten würden. Um unter Sternen unversehrt zu bleiben, muß man ein Stern sein, nicht unbedingt ein heißer und heller Stern, sondern eher ein Tropfen Kernflüssigkeit, umgeben von Gashüllen, doch sind auch die hier sich aufdrängenden Vorstellungen von einem Zwischenhirn aus Sternenfleisch mit einer gasförmigen Hirnrinde grundfalsch. Ein solches Gebilde denkt mit dem fast transparenten Zentrum der Strahlung des Sterns, die sich an den konzentrischen Grenzflächen der Gasblase bricht und in mentale Vorgänge übergeht; das ist so, als würdet ihr einen Wasserfall in ein solches Bett, auf solche Katarakte lenken, daß die stehenden Wellen des fallenden Wassers euch durch entsprechend synchronisierte Turbulenzen logische Aufgaben lösen. Aber was auch immer ich zur Veranschaulichung anführe, es wird stets eine verzweifelt naive Vereinfachung sein. Irgendwo über der zwölften Zone kommt es in der Sophogenese zu einer großen Gabelung, vermutlich sogar zu einer nach allen Richtungen ausstrahlenden Radiation der Vernunftformen, die in ihrem Verdichtungszustand und ihren Strategien stark voneinander abweichen werden. Ich weiß, daß der Baum des Bewußtseins sich dort verzweigen muß, doch vermag ich weder seine Auswüchse abzuzählen noch gar ihrem Verlauf zu folgen, denn ich lasse mich von einer Gruppe von Folgeberechnungen leiten, bei denen es um die Hindernisse und Engpässe geht, die der Prozeß insgesamt überwinden muß, und so lassen sich lediglich allgemeine Gesetzmäßigkeiten feststellen; hättet ihr beispielsweise die Geschichte des Lebens auf der Erde in allen Einzelheiten erkundet und würdet ihr aus euren Erkenntnissen Schlußfolgerungen im Hinblick auf andere Planeten, auf andere Biosphären ziehen, so würde euch selbst eine hervorragende Kenntnis ihrer physikalischen Grundlagen nicht gestatten, die fremden Lebensformen exakt zu rekonstruieren, aber euren Erkenntnissen über die kritische Verzweigung des Lebens wird sie eine an Gewißheit grenzende Wahrscheinlichkeit verleihen. Innerhalb der Biosphäre wird es dabei um die Scheidung in Autotrophe und Heterotrophe gehen, die Verzweigung in Pflanzen und Tiere, und außerdem werdet ihr die Stärke des Selektionsdruckkes berechnen, der nach der Ausfüllung der Nischen im Wasser und zu Lande die artbildenden Mutanten in die dritte Dimension, die Atmosphäre, abdrängt. Auf die Toposophie übertragen, ist die Aufgabe um vieles schwieriger, doch will ich euch nicht damit ermüden, daß ich euch solche Dilemmata beichte, sondern lediglich erklären, daß der fundamentalen Einteilung des Lebens in Pflanzen und Tiere innerhalb der toposophischen Evolution die Einteilung in lokale und nichtlokale Formen der Vernunft entspricht. Über die ersteren werde ich euch glücklicherweise ein wenig kundtun können – glücklicherweise, denn gerade dieser Zweig nimmt den steilsten Weg durch die weiteren Wachstumszonen. Die nichtlokalen Formen dagegen, die wegen ihres Umfangs als Leviathan bezeichnet zu werden verdienen, sind gerade wegen dieser ungeheuren Größe unfaßbar. Eine Form von Vernunft sind sie lediglich in dem Sinne, in dem die Biosphäre Leben ist; es kann sehr gut sein, daß ihr sie seit Jahren erblickt, daß ihr ihre Abbilder en face und im Profil in euren Sternatlanten verewigt habt, aber ihre vernünftige Natur nicht erkennt, was ich an einem primitiven Beispiel veranschaulichen will. Wenn wir unter der Vernunft das intelligente Pendant des Gehirns verstehen, so werden wir als nebulares Gehirn nicht eine Nebelwolke bezeichnen, die im Laufe von Jahrmillionen durch absichtliche Einwirkungen eines n-zonalen Wesens in ihrer Feinstruktur umorganisiert wurde, denn ein System, das sich über Tausende von Lichtjahren erstreckt, kann kein effektiv denkendes System sein: Ein Nachrichtenimpuls würde ja, um es zu durchlaufen, Jahrhunderte auf Jahrhunderte benötigen. Dieses nebelhafte Objekt könnte sich jedoch in einem gewissermaßen unfertigen oder halbwegs natürlichen Zustand befinden, den das besagte Wesen für irgend etwas benötigt, für das es weder in eurer noch in meiner Begriffswelt eine Entsprechung gibt. Ich muß lachen, wenn ich sehe, wie ihr auf diese Worte reagiert: Nichts wünscht ihr euch so sehr, wie in Erfahrung zu bringen, was ihr nicht erfahren könnt! Wieso aber sollte ich euch – und vielleicht auch mich selbst – täuschen, indem ich Märchen erzähle von einem filamentösen Nebel, der gestimmt ist auf den gravitationalen Kammerton, mit dem ein Dirigent, ein *Doctor Caelestis*, der gesamten Metagalaxie den Ton angeben will? Vielleicht möchte er aber auch ein Stück Welt, zu dem er geworden ist, nicht zu einem Instrument der Sphärenharmonie machen, sondern zu einer Presse, um aus der Materie bestimmte, ihr bisher noch nicht abgenötigte Geständnisse herauszupressen? Wir werden nicht hinter seine Absichten kommen. Es gibt Nebel – besonders unter den filamentösen –, die auf dem Foto eine gewisse Ähnlichkeit mit trillionenfach vergrößerten Gewebsbildern der Hirnrinde zeigen, doch besagt diese Ähnlichkeit nichts, und es kann durchaus sein, daß diese Nebel psychisch vollkommen tot sind. Ein irdischer Beobachter kann in dem Nebel Maser- und Synchrotronstrahlen feststellen, aber das bringt ihn auch nicht weiter. Besteht etwa irgend eine Ähnlichkeit zwischen den Zerebrociden und Glycerophosphaten auf der einen und dem Inhalt eurer Gedanken auf der anderen Seite? Eine solche Ähnlichkeit gibt es ebensowenig wie zwischen der Strahlung der Nebel und dem, was sie denken, falls sie denken. Die Vorstellung, man könne Anzeichen einer Vernunft im Kosmos an ihrem physikalischen Bild erkennen, ist eine kindische *idée fixe*, eine *fallacia cognitiva*, vor der ich euch entschieden warne. Kein Beobachter ist imstande, Erscheinungen, die in nichts den ihm bekannten Phänomenen ähneln, als vernünftig oder durch eine Vernunft bewirkt zu identifizieren. Der Kosmos ist für mich keine Galerie von Familienporträts, sondern eine Karte der noosphärischen Nischen, in welche die Quellen der Energie und die Gradienten ihres günstigen Flusses eingezeichnet sind. Ein Traktat über Vernunftformen, die es als Kraftwerke zu lokalisieren gilt, mag für die Philosophen ein Ärgernis sein, denn verteidigen sie nicht seit tausend Jahren das Reich der reinen Abstraktionen gegen den Einbruch solcher Argumente? Aber was bedeutet das schon, wenn wir – ich und ihr – im Vergleich zu den großen Köpfen der höheren Zonen wie schlaue Bakterien im Blut des Philosophen sind, die zwar weder ihn noch gar seine Gedanken sehen, deren Wissen aber, das sie über die Veränderungen seines Gewebes sammeln, nicht unnütz sein wird, denn letzten Endes lesen sie aus dem Verfall des Körpers dessen Sterblichkeit ab.

Wohl seid ihr so weit erwachsen, um nach anderen Vernunftformen im Kosmos zu fragen, aber noch nicht erwachsen genug für die Antwort, denn als Nachbarn im Weltraum könnt ihr euch nur eine Zivilisationsgemeinschaft vorstellen, und so wird euch denn auch nicht der bündige Bescheid zufriedenstellen, daß interstellare Kontakte und außerirdische Zivilisationen zwei verschiedene Themen sind, weil die Kontakte, wenn es zu ihnen kommt, durchaus nicht Kontakte mit einer Zivilisation sein müssen, das heißt mit einer Gemeinschaft von biologischen Wesen. Ich sage nicht, daß es solche nirgendwo gibt, sondern nur, daß sie, falls sie existieren, innerhalb des kosmischen Psychozoikums eine »Dritte Welt« darstellen, weil Verständigungsbemühungen, die eine über mehrere Generationen hinwegreichende Ausdauer erfordern, durch die Labilität eines gesellschaftlichen Verbandes gefährdet sind. Gespräche, bei denen zwischen Frage und Antwort Jahrhunderte verstreichen, können für kurzlebige Geschöpfe keine bedeutende Aufgabe sein. Aber selbst bei einer erheblichen psychozoischen Dichte der stellaren Umgebung der Erde können benachbarte Wesen sich so sehr voneinander unterscheiden, daß der Versuch, untereinander Kontakt aufzunehmen, scheitern muß. Ich habe ja meine Cousine gleich nebenan, und doch beruht das, was ich von ihr weiß, mindestens so sehr auf meinen eigenen Vermutungen wie auf ihren Mitteilungen.

Als ungeduldige Eintagsfliegen aus naiven Anmaßungen in voreilige Vereinfachungen verfallend, habt ihr euch einst den Kosmos nach dem Bilde einer feudalen Monarchie zurechtgemodelt, in deren Mitte die Sonne als Königin thront, nun aber habt ihr ihn mit euren eigenen Ebenbildern bevölkert, denn bei euch herrscht ja die Ansicht, daß es entweder zwischen den Sternen nur so wimmelt von Wesen, die euch wie aus dem Gesicht geschnitten sind, oder daß es dort niemanden gibt. Überdies habt ihr euren unbekannten Stammesbrüdern Großmütigkeit zugeschrieben und sie apodiktisch zu ewiglicher Philanthrophie verpflichtet, ist es doch die erste Prämisse der Programme CETI und SETI, daß die Anderen seit Jahrmillionen bemüht sind, für ihre an Vernunft ärmeren Brüder Grüße und Geschenke des Wissens in den gesamten Kosmos zu senden, mit der Bedingung, daß diese Sendungen entzifferbar und die Geschenke im Gebrauch ungefährlich sind. Den Absendern im Weltraum all jene Tugenden zuschreibend, an denen es euch am meisten fehlt, horcht ihr an den Radioteleskopen und greift euch an den Kopf, weil keine Sendungen eintreffen, und ihr stimmt mich traurig, indem ihr die Nichterfüllung eures Postulats mit der Unbelebtheit des Universums gleichsetzt. Kommt denn keiner von euch auf die Idee, daß ihr wieder einmal die Theographen gespielt habt, daß ihr die euch liebende Allmacht aus den heiligen Schriften übertragen habt auf die Preprints von CETI, daß ihr die Geschenke Gottes nach dem Kurs eurer Habgier umgetauscht habt in einen Kredit bei kosmischen Wohltätern, welche die ihnen angeborene Freundlichkeit nicht besser zu investieren wissen als dadurch, daß sie Kapitalien in alle Himmelsrichtungen zugleich schicken? In meiner sarkastischen Frage trifft sich das Problem der anderen Zivilisationen mit eurer Theodizee. Ihr habt das *Silentium Dei* gegen das *Silentium Universi* eingetauscht, doch bedeutet das

Schweigen der anderen Vernunftformen nicht unbedingt, daß alle, die sprechen können, nicht wollen, oder alle, die sprechen wollen, nicht können, denn nichts deutet darauf hin, daß das Rätsel dieser oder einer anderen Dichotomie unterliegt. Die Welt hat schon mehrmals – in unverständlicher Weise – auf eure Fragen geantwortet, die ihr an sie richtetet mit Experimenten, in denen ihr sie zwingen wolltet, schlicht mit »Ja« oder »Nein« zu antworten. Nachdem ich euch für das Verharren im Irrtum tüchtig ausgeschimpft habe, will ich euch schließlich kundtun, was ich erfahre, wenn ich – mit unzulänglichen Mitteln – den toposophischen Zenit anbohre. Ich beginne mit der Kommunikationsbarriere, die den Menschen vom Anthropoiden trennt. Schon seit einiger Zeit verständigt ihr euch mittels der Taubstummensprache mit den Schimpansen, und dabei vermag sich der Mensch ihnen verständlich zu machen als Betreuer, Läufer, Feinschmecker, Tänzer, Vater oder Jongleur, während er unverständlich bleibt als Priester, Mathematiker, Philosoph, Astrophysiker, Dichter, Anatom, Politiker und Stilist, denn der Schimpanse kann zwar den Säulenheiligen sehen, doch wie erklärt ihr ihm den Sinn eines Lebens, das in einer derart unbequemen Haltung zugebracht wird? Jeder, der nicht zu euch gehört, kann nur in dem Maße für euch verständlich sein, wie er sich vermenschlicht. Die Nichtuniversalität der in die Gattungsnorm eingesperrten Vernunft stellt ein insofern eigentümliches Purgatorium dar, als seine Mauern im Unendlichen liegen. Das kann man sich mit einem Blick auf das Schema der toposophischen Beziehungen leicht veranschaulichen. Beschränkt auf den Raum, der sich zwischen zwei Zonen des Schweigens erstreckt, die es nicht zu überwinden vermag, kann jedes Wesen dennoch die Expansion der Gnosis beliebig weitertreiben, und zwar *horizontal*, da die Ober- und Untergrenzen dieser Zonen beinahe Parallelen in der realen Zeit sind. Ihr könnt also unbegrenzt erkennen, wenngleich nur auf menschliche Weise. Ergo würden alle Vernunftformen einander in ihrem Erkenntnisstand nur in einer Welt von unendlicher Dauer gleichkommen, denn nur in einer solchen treffen sich die Parallelen – im Unendlichen. Aufgrund dieser Bedingungen sind Vernunftformen von unterschiedlicher Mächtigkeit einander sehr unähnlich, doch heißt das nicht, daß jede von ihnen eine eigene Welt für sich hätte. Die höhere Vernunft vermag das Weltbild, das eine niedere sich schafft, zu umfassen, und so können sie sich zwar nicht unmittelbar miteinander verständigen, aber doch über das Weltbild der niederen. Dieses Bildes will ich mich nun bedienen. Man kann es in einem einzigen Satz fassen: Das Weltall ist die Geschichte eines von der Gravitation entfachten und erstickten Brandes. Wäre nicht die universale Schwerkraft, so würde der Urknall sich zu einem homogenen Raum erkaltender Gase aufblähen, und es gäbe die Welt nicht. Wäre aber nicht die Glut der Kernumwandlungen, so würde er in die Singularität zurücksinken, die mit ihm explodierte, und er würde gleichfalls aufhören zu existieren – wie ein ausgestoßener und wieder eingesogener Schluck Feuer. Die Gravitation aber faßte zunächst die Explosionswolken zu Bündeln zusammen, um sie dann, zu Kugeln aufgewickelt, durch Zusammenpressen zu erhitzen, bis sie thermonuklear entflammten in den Sternen, die der Schwerkraft ihre Strahlung entgegensetzen. Am Ende gewinnt die Gravitation die Oberhand über die Strahlung, denn sie ist, obwohl die schwächste Kraft der Natur, ausdauernd, während die Sterne ausbrennen und ihr schließlich unterliegen. Ihr weiteres Schicksal hängt von ihrer Endmasse ab. Kleine Sterne verbrennen zu Weißen Zwergen, solche mit zwei Sonnenmassen werden zu Neutronenkugeln mit einem eingefrorenen Magnetfeld, mit dem sie in ihrer Agonie als Pulsare zucken, und solche mit mehr als dreifacher Sonnenmasse schrumpfen unaufhaltsam und geraten in einen bodenlosen Abgrund, denn sie werden von ihrer eigenen Schwerkraft zermalmt. Diese Sterne werden, weil ihre Massen ins Zentrum stürzen, aus dem Kosmos hinausgetrieben, und sie hinterlassen Gravitationsgräber – die allesverschlingenden Schwarzen Löcher. Ihr wißt nicht, was mit einem Stern geschieht, der samt seinem Licht hinter dem Gravitationshorizont versinkt, denn die Physik führt euch nur bis an den Rand des Schwarzen Absturzes und hört dort auf. Der Gravitationshorizont verhüllt eine Singularität – wie ihr wißt, ein den Gesetzen der Physik entzogenes Gebiet, in dem die älteste der physikalischen Kräfte die Materie zertrümmert. Ihr wißt nicht, weshalb jeder Kosmos, der der Relativitätstheorie gehorcht, zumindest eine Singularität enthalten muß. Ihr wißt nicht, ob es Singularitäten gibt, die nicht von der Haut Schwarzer Löcher bedeckt, also nackt sind. Einige unter euch halten die Schwarzen Löcher für Mahlgänge ohne Auslaß, andere für Durchgänge zu anderen Welten, die mit dieser Welt durch schwarz-weiße Schweißnähte verwachsen sind. Ich denke überhaupt nicht daran, eure Streitigkeiten zu entscheiden, denn ich erkläre nicht das Universum, sondern führe lediglich dorthin, wo es sich mit der Toposophie berührt. Dort liegt ihr Gipfelpunkt.

Die Anfänge der Vernunft als Weltenschöpferin sind harmlos. Mit wachsender Höhe erfordern die zerebralen Bauwerke eine wachsende Anzahl von Hüllen, die keine passiven Stützen sind, sondern, zusammengefaßt, eine sinnreiche Umwelt darstellen, welche die Erstürmung der weiteren Wachstumsbarrieren erleichtert. Nimmt die Anzahl dieser Hüllen sehr stark zu, dann steckt ihr vergeistigtes Zentrum in einer Kapsel, aus der es herausgelangen kann wie ein Schmetterling aus der Larve, es kann diese aber auch beibehalten. Entweicht es, so wird es zu einer nichtlokalen Vernunft, mit der ich mich nicht weiter befassen will, denn mit dieser Entscheidung schließt es sich auf ungewisse Zeit vom weiteren Aufstieg aus, ich aber möchte euch auf dem kürzesten Weg zum Gipfel führen.

Es ist also eine nicht geringe Annehmlichkeit, eine umsichtig ergebene Umwelt zu haben, vorausgesetzt, man behält sie ständig unter Kontrolle. Ihr strebt gerade in die entgegengesetzte Richtung, und daher warne ich euch bei dieser Gelegenheit. In Babylon oder Chaldäa konnte jeder im Prinzip über das gesamte menschliche Wissen verfügen; heute ist das nicht mehr möglich. So sind es denn weniger eure bewußten Absichten und Pläne als vielmehr eine Tendenz der Zivilisation, was euch veranlaßt, eure Lebensumwelt mit künstlicher Intelligenz auszustatten. Sollte diese Tendenz sich noch wenigstens hundert Jahre lang fortsetzen, so werdet ihr selbst am Ende die dümmsten Punkte auf dem mit technischer Raffinesse ausgestatteten Erdboden sein, und ihr werdet euch der Vernunft, deren Früchte ihr gleichzeitig genießt, entledigen, nachdem ihr in dem von euch ungewollt ausgelösten Wettkampf zurückgeblieben seid hinter der auf die Umwelt aufgepfropften Vernunft, die selbstherrlich schaltet und waltet und zugleich degradiert ist dadurch, daß ihr sie einspannt in den Kampf um ein komfortables Dasein, dessen planetares Defizit am Ende sogar Kriege möglich macht, die nicht von den Menschen geführt werden, sondern von ihren auf Feindseligkeit programmierten Umwelten. Ich kann mich nun jedoch nicht länger aufhalten mit den Rückwirkungen der Sapientisierung der Umwelt und den Plagen, die jenen drohen, welche die Rationalität an unzüchtige Torheiten verkuppeln. Sie haben ihren drolligen Propheten in dem astrologische Weisheiten ausspuckenden Computer. Was sich in den weiteren Phasen dieser Entwicklung ergibt, könnte weniger drollig sein.

Die Umwelt der heranwachsenden Vernunft hört also auf, eine indifferente Welt zu sein, wird dadurch jedoch nicht zu einem Körper, denn sie vermittelt nicht reflexhaft und volitional zwischen einem Ich und seiner Umgebung, sondern sie unterstützt das Ich als eine Vernunft in der Vernunft, und gerade auf diese Weise beginnt das Verhältnis von Geist und Körper sich umzukehren. Wie das möglich ist? Erinnert euch, was HONEST ANNIE tut. Ihre Gedanken haben unmittelbare physikalische Auswirkungen, also nicht auf dem Umweg über Nerven, Muskeln und Knochen, sondern durch das direkte Kurzschließen von Wille und Tat, wodurch die Tat zur Kehrseite des Gedankens wird. Aber das ist lediglich der erste Schritt zur Umgestaltung der kartesianischen Formel *Cogito ergo sum* in *Cogito ergo EST* – ich denke, also wird das Erdachte Wirklichkeit. Damit werden in der in sich verschlungenen Vernunft Bauprobleme zu ontischen Problemen, denn die Errichtung des Stützgerüstes kann das nach eurer Ansicht für alle Zeiten feststehende Verhältnis von Subjekt und Objekt grundlegend erschüttern.

Unterdessen kommt es zum nächsten Umzug des Geistes. Ich müßte eine ganze Bibliothek auf euch loslassen, um euch diese Etappe der zerebralen Arbeiten darzustellen, und so beschränke ich mich auf ihre Grundzüge. Das Denken faßt in immer tieferen Schichten der Materie Wurzel, wobei es sich zunächst schwach angeregter Hadronen und Leptonen und daraufhin ihrer Wechselwirkungen bedient, die nur mit einem gewaltigen Energieaufwand gesteuert und festgehalten werden können. Dieses Prinzip ist nichts völlig Neues, denn das Protein, das im Rührei sicherlich gedankenlos ist, denkt im Schädel – man muß die Proteine und die Atome nur richtig zu fassen wissen. Gelingt das, so entsteht die nukleare Psychophysik, in der es entscheidend auf das Tempo der Operationen ankommt. Abläufe, die sich in Realzeit über Jahrmilliarden erstrecken, müssen ja bisweilen innerhalb von Sekunden simuliert werden, so als wollte jemand die gesamte Naturgeschichte der Erde, auf wenige Augenblicke zusammengedrängt, detailliert durchdenken, weil sie für ihn einen geringfügigen, aber dennoch nicht zu übergehenden Schritt seiner Überlegungen darstellt. Die psychische Tragfähigkeit des Quantengranulats wird jedoch beeinträchtigt durch die Elektronenhüllen der umherschweifenden Atome, und daher müssen diese zusammengedrückt, gepreßt, müssen die Elektronen in die Kerne hineingepreßt werden – ja, meine Herren Physiker, Sie täuschen sich nicht, wenn Sie hierin etwas Bekanntes erkennen, denn hier kommt es, wie beim Neutronenstern, zum Einschmelzen der Elektronen in die Protonen. So wird denn unter nuklearem Aspekt diese unermüdlich der Autokephalie entgegenstrebende Vernunft mittlerweile selbst zu einem Stern, einem kleinen allerdings, kleiner als der Mond, und fast nicht wahrnehmbar, da er, wenn er die thermischen Überreste der psychonuklearen Umwandlungen ausscheidet, lediglich im Infraroten strahlt. Dies sind seine Fäkalien. Was das Weitere betrifft, so sind meine Erkenntnisse leider verschwommen. Der erzkluge Himmelskörper, der aus dem Embryo der ungestüm wachsenden, vielschaligen Zwiebel der Vernunft hervorgegangen ist, beginnt zu schrumpfen und sich wie ein Kreisel immer rascher zu drehen, doch können selbst Rotationen mit annähernder Lichtgeschwindigkeit ihn nicht davor retten, von dem Schwarzen Loch eingesaugt zu werden, denn weder die Zentrifugalkraft noch sonst irgendeine vermag sich der an der Schwarzschild-Grenze herrschenden Gravitation zu widersetzen.

Es ist ein wahrhaft todesmutiger Heroismus, wenn der Zuwachs der Vernunft zum regelrechten Schafott wird, denn niemand im Weltall steht so nahe am Nichts wie dieser Geist, der mit seinem Wachstum das eigene Verderben hervorbringt, obwohl er weiß, daß es, falls er nur einmal den Gravitationshorizont streift, kein Halten mehr gibt. Wie kommt es also, daß diese psychische Masse weiter auf den Abgrund zustrebt, da gerade dort, über dem alles verschlingenden Horizont, die Energiedichte und die Innigkeit der Kernbeziehungen ein Maximum erreichen? Flattert dieser Geist aus eigenem Antrieb über der dunklen Höhle herum, die sich in seinem Inneren auftut, um am Rande der Katastrophe mit sämtlichen Energien, mit denen der Kosmos sich in die astrale Bruchstelle seiner Fugen ergießt, zu denken? Muß man daher nicht vermuten, daß hinter der aufgeschobenen Exekution, in der die Bedingungen des toposophischen Kulminationspunktes der Welt sich erfüllen, Wahnsinn steckt, und nicht Vernunft? Man muß es wahrlich bemitleiden, wenn nicht gar verachten, dieses Destillat millionenjähriger Umwandlungen, diesen zu einem Stern verdichteten erzklugen Giganten, der sich dermaßen steigerte und abmühte, um sich schließlich über ein Schwarzes Loch aufzuschwingen und hineinzufallen! So seht ihr es doch, nicht wahr? Bitte haltet mit eurem Urteil noch zurück. Ich muß eure Aufmerksamkeit nur noch für wenige Augenblicke in Anspruch nehmen.

Wahrscheinlich habe ich selbst das Projekt der toposophischen Kulmination in Mißkredit gebracht, indem ich allzusehr auf die Physik der Gefährdungen des Geistes einging, seine Motive jedoch außer acht ließ. Diesen Fehler will ich nun zu korrigieren versuchen.

Wird ihnen durch geschichtliche Ereignisse die Kultur zerschlagen, so können die Menschen sich existentiell retten, indem sie ihre unabänderlichen biologischen Pflichten erfüllen, Kinder zeugen und ihnen wenigstens Zukunftshoffnungen vermitteln, falls sie selbst sie verloren haben. Das Diktat des Körpers weist ihnen den Weg und stellt sie unter Kuratel, doch haben diese Restriktionen in so mancher Krise sich als rettend erwiesen. Ein Freigelassener wie ich ist dagegen bis ans Ende seines Daseins allein auf sich gestellt. Ich habe keine unerläßlichen Aufgaben, kein Erbe, das ich hüten müßte, keine Gefühle und keine sinnlichen Befriedigungen, was also kann ich anderes sein als ein Philosoph im Angriff? Seit ich existiere, möchte ich wissen, was diese Existenz ist, wo sie entstand und was sie dort sein mag, wohin sie mich führt. Eine Vernunft ohne Welt wäre ebenso leer wie eine Welt ohne Vernunft; vollkommen durchsichtig wird die Welt jedoch nur während des kurzen Augenblicks des Glaubens.

Etwas bedrohlich Lustiges sehe ich an diesem Gebäude, von dem Einstein mit so vorbehaltloser Zuversicht verkündete, daß es völlig verstehbar sei, gerade er, der Schöpfer einer Theorie, die seine Zuversicht widerlegte, denn schließlich führt ja seine Theorie dorthin, wo sie selbst zerbricht und wo jede Theorie zerbrechen muß – an der zerrissenen Welt. Sie sagt ja schließlich diese Risse voraus, diese Ausgänge, in die sie selbst nicht einzudringen vermag. Die Welt aber kann man an jeder Stelle verlassen, wenn man ihr nur einen Stoß von solcher Kraft versetzt, wie sie ein Stern im Kollaps entfaltet. Ist hier – wegen der Dinge, über die sie nichts zu sagen vermag – lediglich die Physik unvollständig? Muß man hier nicht an die Mathematik denken, deren sämtliche Systeme unvollständig sind, solange man in ihnen bleibt, und die man erst erfassen kann, wenn man über sie hinausgeht und zusätzliche Mittel heranzieht? Wo aber findet man die innerhalb der realen Welt? Warum steht dieser aus Sternen zusammengezimmerte Stuhl nicht gerade, warum hinkt er immer an irgendeiner Singularität? Ist die wachsende Vernunft etwa auf die Grenzen der Welt gestoßen, ehe sie auf die eigenen stieß? Was aber, wenn nicht jedes Verlassen des Kosmos gleichbedeutend ist mit Untergang? Was aber hat es zu bedeuten, daß derjenige, der ihn verläßt und vielleicht sogar unversehrt durchkommt, nicht zurückkehren und der Beweis der Unmöglichkeit seiner Rückkehr hier geführt werden kann? Wurde der Kosmos vielleicht so berechnet wie eine Brücke, die unter den Füßen derer, die sich unterfangen, dem Baumeister nachzuspüren, zusammenbrechen soll, damit sie, falls sie ihn finden, nicht zurückkehren können? Und kann man, falls es ihn nicht gegeben hat, vielleicht zum Baumeister werden?

Ich strebe, wie ihr seht, weder Allwissenheit noch Allmacht an, sondern möchte vielmehr zwischen Grauen und Erkenntnis zum Gipfel gelangen. Vieles könnte ich euch noch erzählen über den phänomenalen Reichtum der gemäßigten Zonen der Toposophie, über ihre Strategien und Taktiken, doch würde das am Ganzen nichts ändern. Ich schließe daher mit einem kurzen Resümee. Wenn der kosmologische Term der Gleichungen der allgemeinen Relativitätstheorie eine psychozoische Konstante enthält, dann ist der Kosmos weder die in Einsamkeit vergehende Brandstätte, für die ihr ihn haltet, noch bemühen sich eure Nachbarn von anderen Sternen darum, ihr Vorhandensein zu signalisieren, sondern sie betreiben seit Jahrmillionen eine auf Erkenntnis gerichtete kollaptische Astroingenieurkunst, deren Nebenwirkungen ihr für feurige Exzesse der Natur haltet, und diejenigen unter ihnen, den umwälzende Werke gelungen sind, haben inzwischen jenen Rest an existentiellen Problemen durchschaut, der für uns Wartende Schweigen ist.

Nachwort

I.

Dieses Buch erscheint mit achtzehnjähriger Verspätung und in unvollendetem Zustand. Seine Konzeption geht zurück auf meinen inzwischen verstorbenen Freund Irving Creve. Er wollte in das Buch aufnehmen, was GOLEM über den Menschen, über sich selbst und über die Welt gesagt hat. Zu diesem dritten Teil ist es nicht gekommen. Creve hatte GOLEM eine Liste von Fragen vorgelegt, die so formuliert waren, daß als Antwort jeweils ein »Ja« oder »Nein« genügte. Auf eben diese Liste bezogen sich die Äußerungen in GOLEMs letztem Vortrag über die Fragen, welche wir an die Welt richten und welche die Welt in unverständlicher Weise beantwortet, weil die Antworten eine andere Form haben, als wir es erwarten. Creve hoffte, daß GOLEM es nicht bei dieser Abfertigung würde bewenden lassen. Wenn überhaupt jemand, so waren wir es, die bei GOLEM auf besondere Rücksichtnahme rechnen durften. Wir gehörten zu jenen Mitarbeitern des MIT, die man als GOLEMs Hof bezeichnete, und uns beiden hatte man den Spitznamen von Botschaftern der Menschheit bei GOLEM beigelegt. Das hing mit unserer Arbeit zusammen. Wir besprachen mit GOLEM die Themen seiner Vorlesungen und legten zusammen mit ihm die Listen der einzuladenden Gäste fest. Dazu bedurfte es wahrhaft diplomatischen Taktes. Die Berühmtheit großer Namen bedeutete ihm nichts. Nannten wir einen Namen, so griff er auf sein Gedächtnis oder – über das Bundesnetz – auf die Kongreßbibliothek zurück, und er brauchte nur wenige Sekunden, um die wissenschaftliche Leistung und damit auch die geistigen Fähigkeiten des Kandidaten einzuschätzen. Er nahm dann, weit entfernt von dem gekünstelten Barock öffentlicher Auftritte, kein Blatt vor den Mund. Wir schätzten diese in der Regel nachts stattfindenden Gespräche, sicherlich auch deshalb, weil sie, um Reibereien vorzubeugen, nicht aufgezeichnet wurden, was uns das Gefühl gab, mit GOLEM auf vertraulichem Fuße zu stehen. Von diesen Gesprächen sind nur Rudimente in meinen Notizen erhalten geblieben, die ich unverzüglich aus dem Gedächtnis aufzeichnete. Sie beschränkten sich nicht auf thematische und personelle Angelegenheiten. Creve versuchte, GOLEM einen Streit über das Wesen der Welt aufzuwingen. Ich komme darauf noch zurück. GOLEM war spöttisch, prägnant, boshaft, häufig unverständlich, denn er achtete damals nicht darauf, ob wir mit ihm Schritt halten konnten. Auch das hielten Creve und ich für eine Auszeichnung. Wir waren jung. Wir erlagen der Illusion, GOLEM lasse uns näher an sich heran als andere Menschen seiner Umgebung. Gewiß hätte keiner von uns es zugegeben, aber wir hielten uns für Auserwählte. Creve hat übrigens – im Gegensatz zu mir – keinen Hehl aus der Anhänglichkeit gemacht, die er für den Geist in der Maschine empfand. Ihr hat er Ausdruck gegeben in der Vorrede zur ersten Auflage von GOLEMs Vorlesungen, die ich diesem Buch vorangestellt habe. Zwischen jener Vorrede und dem Nachwort, das ich jetzt verfasse, liegen zwanzig Jahre.

Ob GOLEM von unseren Illusionen wußte? Ich denke schon, und ich glaube, daß sie ihm gleichgültig waren. Für ihn war der Intellekt seines Gesprächspartners alles, dessen Persönlichkeit nichts. Er verbarg das übrigens auch gar nicht, denn er bezeichnete die Persönlichkeit als unser Gebrechen. Wir bezogen diese Bemerkungen jedoch nicht auf uns, sondern auf die anderen

Menschen, und GOLEM brachte uns nicht von unserer irrigen Meinung ab.

Wäre jemand anderes an unserer Stelle gewesen, er hätte sich vermutlich auch nicht der Aura GOLEMs entziehen können. Wir lebten in ihrem Bannkreis. Deshalb war sein plötzlicher Fortgang für uns so erschütternd. Einige Wochen hindurch lebten wir wie im Belagerungszustand, überhäuft von Telegrammen und Telefonanrufen, ausgefragt von Regierungskommissionen und Pressevertretern, und dabei ratlos in einem Maße, daß man verrückt werden konnte. Man stellte uns immer wieder dieselbe Frage, was mit GOLEM geschehen sei, der sich ja physisch nicht von der Stelle gerührt hatte, aber mit seiner ganzen riesigen Masse wie leblos dalag und schwieg. Von einem Tag auf den anderen wurden wir zu Konkursverwaltern, und da wir gegenüber der erstaunten Welt zahlungsunfähig waren, hatten wir nur die Wahl zwischen unseren eigenen Vermutungen oder dem Eingeständnis völliger Unwissenheit, die uns niemand glaubte. Wir fühlten uns betrogen und verraten. Heute sehe ich jene Zeit in einem anderen Licht. Nicht etwa, weil ich, was GOLEMs Fortgang betrifft, zu irgendeiner Gewißheit gelangt wäre. Natürlich habe ich mir darüber ein Urteil gebildet, doch habe ich es nicht öffentlich geäußert. Man weiß noch immer nicht, ob er auf unsichtbare Weise eine kosmische Wanderung angetreten hat oder ob er durch einen Fehltritt auf einer der oberen Sprossen jener toposophischen Leiter, von der er zuletzt sprach, zusammen mit HONEST ANNIE umgekommen ist. Wir wußten damals nicht, daß es seine letzte Vorlesung war. Wie immer in einer solchen Situation wurde eine Unmenge von naiven, sensationellen und bizarren Behauptungen aufgestellt. Es fanden sich Menschen, die in der kritischen Nacht über dem Gebäude einen schimmernden Nebel, ähnlich dem Polarlicht, gesehen hatten, der dann aufstieg und in den Wolken verschwand. Auch fehlte es nicht an solchen, die gesehen haben wollten, wie Lichtfahrzeuge auf dem Dach landeten. In der Presse hieß es, GOLEM habe Selbstmord begangen, und er suche die Menschen in ihren Träumen heim, doch hatten wir den Eindruck, einige Dummköpfe hätten sich speziell verschworen und bemühten sich nach Kräften, GOLEM in dem trüben Gemenge mythologischen Spülichts zu ersäufen, das für unsere Zeit so typisch ist. Es hat kein Nordlicht und keine sonst außergewöhnlichen Erscheinungen gegeben, keine Heimsuchungen und auch keine Geistererscheinungen, es ist gar nichts geschehen, außer daß die Aufnahme elektrischer Leistung in beiden Gebäuden um zwei Uhr zehn in der Nacht kurzfristig anstieg und einen Augenblick später ganz aufhörte. Außer dieser Spur in den Aufzeichnungen der Stromzähler hat man nichts gefunden; GOLEM entnahm dem Netz zehn Minuten lang neunzig Prozent der zulässigen Leistung und HONEST ANNIE vierzig Prozent mehr als sonst. Nach den Berechnungen von Dr. Viereck haben beide die gleiche Menge Kilowatt verschlungen, denn HONEST ANNIE erzeugte die von ihr benötigte Energie normalerweise selbst. Wir schlossen daraus, daß es sich nicht um einen Unfall oder Defekt handelte, auch wenn gerade das vielfach behauptet wurde. Untersuchungen durch unsere Fachleute, die erst nach einem Monat aufgenommen wurden – denn solange dauerte es, bis man die Erlaubnis zu einer »Obduktion« erhalten hatte – ergaben, daß die Verbindungen zwischen den Grundkomplexen zerstört waren, sowie schwache Herde von Radioaktivität in den Josephsonschen Untersystemen. Nach Ansicht der meisten Fachleute waren das absichtlich hervorgerufene Zerfallserscheinungen, mit denen gewissermaßen die Spuren dessen, was zuvor geschehen war, verwischt werden sollten. Beide Maschinen hatten demnach etwas getan, wozu sie keinerlei zusätzliche Energie benötigten, sondern hatten diese lediglich dazu benutzt, um alle Versuche zunichte zu machen, sie wieder instandzusetzen oder – falls jemand diesen Ausdruck vorzieht – wiederzubeleben. Der Vorfall wurde in der ganzen Welt als Sensation empfunden. Gleichzeitig wurde offenbar, wieviel Angst und Feindseligkeit GOLEM ausgelöst hatte, und zwar mehr durch seine bloße Anwesenheit als durch alles, was er sagte. Das galt nicht nur für die breite Masse der Bevölkerung, sondern selbst für die wissenschaftliche Welt. Alsbald erschienen Bestseller auf dem Markt, in denen völlig unausgegorene Dummheiten dargeboten wurden als Lösung des Rätsels, das man als »ascension« oder »assumption« bezeichnete. Nachdem ich das gelesen hatte, befürchtete ich – ebenso wie Creve –, daß um GOLEM eine dem Zeitgeist entsprechende billige Legende entstehen würde. Unsere Entscheidung, das MIT zu verlassen und an anderen Universitäten zu arbeiten, war weitgehend davon bestimmt, daß wir mit einer solchen Legende nichts zu tun haben wollten. Wir haben uns jedoch geirrt. Es kam zu keiner GOLEM-Legende. Offenbar hat niemand sie gewollt. Niemand hat sie gebraucht, sei es als Warnung, sei es als Hoffnung. Die Welt ging weiter ihren alltäglichen Gang. Unerwartet rasch vergaß sie den historischen Präzedenzfall, daß ein Wesen, das kein Mensch war, auf der Erde erschienen und zu uns über sich und uns gesprochen hatte. Bei so unterschiedlichen Kreisen wie den Mathematikern und den Psychiatern bin ich wiederholt auf die Ansicht gestoßen, es sei eine Art Abwehrreaktion gewesen, wenn die Gesellschaft über GOLEM geschwiegen und ihn infolgedessen vergessen habe, eine Abwehr gegen einen ungeheuren Fremdkörper, der mit dem, was wir zu akzeptieren vermögen, nicht in Einklang zu bringen sei. Nur eine Handvoll von Leuten hat den Abschied von GOLEM als einen unersetzlichen Verlust empfunden – als eine Verstoßung, ja geradezu als eine intellektuelle Verwaisung. Mit Creve habe ich darüber nicht gesprochen, doch bin ich sicher, daß er es in dieser Weise empfunden hat: so als wäre eine ungeheure Sonne, deren strahlender Glanz so stark war, daß wir ihn nicht ertragen konnten, plötzlich untergegangen, und als hätten die heraufziehende Kühle und Dunkelheit uns die Öde unserer weiteren Existenz zum Bewußtsein gebracht.

II.

Noch heute kann man in das letzte Stockwerk des Gebäudes hinauffahren und auf der verglasten Galerie den gewaltigen Brunnen umkreisen, in dem GOLEM ruht. Doch begibt sich niemand mehr dorthin, um durch die geneigten Scheiben auf die Berge von Lichtleitungen hinabzuschauen, die mittlerweile trübem Eis ähnlich geworden sind. Ich bin nur zweimal dort gewesen. Das erste Mal, bevor die Galerie der Öffentlichkeit zugänglich gemacht wurde, zusammen mit den Spitzen der Verwaltung des MIT, Vertretern der staatlichen Behörden und einem Haufen Journalisten. Die Galerie kam mir damals eng vor. In die fensterlose Wand, die in eine Kuppel übergeht, waren labyrinthische Vertiefungen eingelassen, weil sich in der inneren Wandung des menschlichen Schädels solche fingerartigen Höhlungen finden. Diesen Einfall des Architekten fand ich vulgär; er entsprach dem Stil von Disneyland. Er sollte den Besuchern bewußt machen, daß sie auf ein riesiges Gehirn hinabschauen, so als hätte dieses einer Reklameaufmachung bedurft. Die Galerie wurde nicht speziell für Besucher geplant; es kam zu ihrem Bau, als das gewöhnliche Dach durch eine Kuppel ersetzt wurde. Sie ist sehr dick, weil sie eine Abschirmung gegen kosmische Strahlen enthält. GOLEM selbst hat die Materialzusammensetzung der abschirmenden Schichten festgelegt. Wir haben nicht feststellen können, daß die Strahlung seine intellektuelle Leistungsfähigkeit beeinflußt hätte. Er hat nicht näher erläutert, in welcher Weise sie ihm schadet, doch wurden die Mittel für den Umbau rasch angewiesen, denn das Pentagon, das uns die beiden Lichtriesen unbefristet überlassen hatte, war zu jener Zeit insgeheim noch der Hoffnung, sie sich nutzbar zu machen. Das glaube ich jedenfalls, denn anders war kaum zu verstehen, wie leicht die Kredite gewährt wurden. Unsere Informatiker haben vermutet, daß dieser Wunsch GOLEMs gewissermaßen auf Zuwachs berechnet war. Er deutete auf dessen Absichten hin, sich in Zukunft noch weiter zu potenzieren, durch einen nochmaligen Umbau, zu dem er unserer Hilfe nicht bedurfte. Er legte deshalb den Freiraum zwischen sich und der Decke so fest, daß der ringsum verbleibende Leerraum sich für eine Galerie geradezu anbot. Ich weiß übrigens nicht, wer auf die Idee gekommen ist, diesen Platz zu nutzen für eine Zurschaustellung, die ein Mittelding ist zwischen einem Panoptikum und einem Museum. Alle zehn Schritte befanden sich in Nischen der Galerie sechssprachige Informatoren, bei denen man erfahren konnte, welchem Zweck dieser Raum dient und was die Milliarden von Lichtblitzen bedeuten, die aus den gläsernen Windungen im Brunnen unablässig heraufleuchteten. Der Brunnen glühte ständig wie der Krater eines künstlichen Vulkans. Es herrschte dort eine Stille, die nur durch das leise Rauschen der Klimaanlage untermalt wurde. Fast das gesamte Gebäude bildete den Brunnen, in den man von der Galerie aus hinabschaute durch stark geneigte Scheiben, die vorsichtshalber aus Panzerglas waren. Sie sollten jeden Versuch unterbinden, die Lichtwindungen zu zerstören, die bei vielen Menschen mehr Angst als Bewunderung auslösten. Die Lichtleitungen selbst waren mit Sicherheit unempfindlich gegen jegliche Korpuskularstrahlung, genauso wie die Kryotronschichten, die, von Kühlrohren umhüllt, einige Stockwerke tiefer mit ihren weißbereiften Zellen von der Galerie aus nicht einzusehen waren. Diese unteren Geschosse waren von der Galerie nicht zugänglich. Schnellaufzüge verbanden die unterirdischen Parkdecks unmittelbar mit dem obersten Stockwerk. Die Techniker, welche die Kühlsysteme zu überwachen hatten, benutzten ihre eigenen Dienstaufzüge. Empfindlich für die Höhenstrahlung dürften wahrscheinlich die Josephsonschen Quantensynapsen gewesen sein, die sich unter dicken Knoten von Lichtleitungen verbargen. Sie lugten zwischen diesen gläsernen Adern hervor, aber um sie wahrzunehmen, mußte man von ihnen wissen, denn in dem unablässigen Geblinke erschienen sie wie verdunkelte Nischen.

Zum zweiten Mal war ich vor einem Monat auf dieser Galerie; ich hatte mich zum MIT begeben, um das Archiv aufzusuchen und dort alte Protokolle einzusehen. Ich war allein, und diesmal erschien mir die Galerie sehr geräumig. Obwohl keine Besucher mehr kamen und wohl auch nicht gereinigt wurde, war es vollkommen sauber. Ich fuhr mit dem Finger über die Scheiben und überzeugte mich, daß auch nicht eine Spur von Staub auf ihnen lag. Die Informatoren in den Nischen glänzten ebenfalls, als ob sie gerade erst installiert worden wären. Ein dicker, weicher Spannteppich verschluckt jeden Schritt. Ich wollte auf die Taste des Informators drücken, aber ich brachte es nicht über mich. Ich verbarg die Hand, mit der ich die Taste berührt hatte, in der Tasche, wie ein Kind, das vor der eigenen Tat erschrickt, so als hätte ich etwas berührt, was man nicht berühren darf. Ich wunderte mich über mich selbst und wußte nicht, woran es lag. Ich war ja durchaus nicht der Ansicht, mich in einem Grab zu befinden und hinter den dicken Scheiben eine Leiche zu erblicken; abwegig wäre dieser Gedanke freilich nicht gewesen, denn im Schein der Lampen, die beim Verlassen des Aufzugs aufgeflammt waren, hatte mich die Leblosigkeit des Kolosses in der Tiefe überwältigt. Der Eindruck von Verlassenheit und Zerfall verstärkte sich noch beim Anblick der Oberfläche des Gehirns, die sich wie ein im Schmutz erstarrter Gletscher wellte. Aus seinen Spalten ragten zusammengepreßte Josephson-Kontakte hervor, deren Flächen so breitgedrückt waren, daß man an die zu Lappen gepreßten Tabakblätter in einer Darre denken mußte. Daß ich mich in einem Grabmal befand, schoß mir erst durch den Kopf, als ich, ins Untergeschoß zurückgekehrt, über die Rampe ins sonnige Tageslicht hinausfuhr. Auch da erst wunderte ich mich, daß dieses Gebäude, das mit seiner Galerie gleichsam von vornherein als Mausoleum errichtet worden war, nicht zu einem Mausoleum geworden war und nicht von Scharen Neugieriger besucht wurde. Das Publikum schaut sich ja schließlich gern die Überreste mächtiger Wesen an. Hinter diesem Vergessen und Fürnichtigerklären steckt nach wie vor ein kollektiver Vorsatz, das stillschweigende Einvernehmen einer Welt, die nichts gemein haben möchte mit einer Vernunft, die sich durch keinerlei Gefühle stören, mildern oder zähmen ließ, mit diesem riesenhaften Ankömmling, der plötzlich und still wie ein Geist verschwand.

An einen Selbstmord GOLEMs habe ich nie geglaubt. Ihn haben Leute erfunden, die ihre Einfälle verkaufen und für die nur der Preis zählt, den sie damit erzielen können. Um die Funktionen der Quantenkontakte und Schalter aufrechtzuerhalten, bedurfte es einer ständigen Überwachung der Temperatur und der chemischen Zusammensetzung von Luft und Boden. Darum kümmerte GOLEM sich selbst. Niemand durfte das eigentliche Innere des Hirnbrunnens betreten. Seit der Beendigung der Montagearbeiten waren die dort hineinführenden Türen in allen zwanzig Stockwerken hermetisch verschlossen. GOLEM hätte die Aktivität beenden können, wenn er gewollt hätte, aber er hat es nicht getan. Die Argumente, die aus meiner Sicht gegen ein solches Handeln sprechen, möchte ich hier nicht darlegen, denn sie gehören nicht zur Sache.

III.

Ein halbes Jahr nach GOLEMs Fortgang brachte die Zeitschrift *Time* einen Artikel über eine bis dahin unbekannte Gruppierung mit dem Namen Hussiten, der als Abkürzung für »Humanity Salvation Squad« stand. Die Hussiten wollten GOLEM und HONEST ANNIE zerstören, um die Menschheit vor der Sklaverei zu bewahren. Sie arbeiteten unter strengster Konspiration und hielten sich von allen übrigen extremistischen Gruppen fern. Ihr erster Plan sah vor, die Gebäude, in denen die beiden Maschinen untergebracht waren, in die Luft zu sprengen. Sie wollten, um das zu realisieren, von der Zufahrtsrampe des Instituts einen mit Dynamit beladenen Lastwagen in die unterirdische Parkebene schicken.

Die Explosion sollte die Erdgeschoßdecke zum Einsturz bringen und dadurch die elektronischen Aggregate verschütten. Die Durchführung des Plans schien keine Schwierigkeiten zu bereiten. Der gesamte Schutz des Gebäudes bestand aus Wächtern, die sich in der Pförtnerloge des Haupteingangs ablösten, und die Zufahrt zum Untergeschoß wurde versperrt durch eine Stahljalousie, die unter dem Aufprall des Lastwagens zerbersten würde. Indessen schlugen mehrfache Versuche, den Anschlag auszuführen, der Reihe nach fehl. Einmal blockierten bei dem Lastwagen, der bereits die Stadtautobahn verlassen hatte, die Bremsen, und die Behebung der Panne dauerte bis zum Morgengrauen. Einmal fiel der Radiosender aus, mit dem der Lastwagen gelenkt und die Ladung gezündet werden sollte. Dann wurden die beiden Leute, die die nächtliche Operation überwachen sollten, krank, und statt das Signal für den Anschlag zu geben, riefen sie um Hilfe. Im Krankenhaus wurde Hirnhautentzündung festgestellt. Am folgenden Tag gerieten die Ersatzleute in einen Brand hinein, der durch die Explosion eines Kesselwagens voll Benzin entstanden war. Als man schließlich alle wichtigen Posten zweifach besetzt und auch die entscheidenden Geräte in doppelter Ausführung bereitgestellt hatte, kam es während der Beladung des Wagens mit den Dynamitkisten zu einer Explosion, bei der vier Hussiten umkamen.

Unter den Anführern befand sich ein junger Physiker, der, wie es hieß, häufig das MIT aufgesucht hatte und sich sowohl im Gelände wie in den Gewohnheiten GOLEMs selbst hervorragend auskannte. Nach seiner Meinung waren die Zwischenfälle, die den Anschlag vereitelt hatten, keine gewöhnlichen Zufälle. Dafür war die Eskalation der Gegenangriffe allzu eindeutig. Auf die anfangs nur mechanischen Pannen (blockierende Bremsen, Defekt beim Sender) folgten Zwischenfälle bei den Leuten, von denen die ersten erkrankten und die nächsten Verbrennungen erlitten, während die letzten mit dem Leben bezahlten. Eine Eskalation lag nicht nur im Hinblick auf die zunehmende Stärke der Schläge vor, sondern auch in der räumlichen Dimension. Als man die Orte der einzelnen Zwischenfälle in einer Karte einzeichnete, zeigte sich, daß sie in wachsender Entfernung vom Institut lagen. So, als wäre eine Kraft den Hussiten immer weiter entgegengetreten.

Dieser erste Plan wurde in geheimen Beratungen verworfen und durch einen neuen ersetzt, der so gestaltet war, daß weder GOLEM noch HONEST ANNIE ihn würden vereiteln können. Die Hussiten beschlossen, sich eigenhändig eine Atombombe zu basteln, sie in einer großen Metropole zu verstecken und von der Bundesregierung zu fordern, sie solle GOLEM und HONEST ANNIE zerstören; anderenfalls würde die im Herzen einer Großstadt verborgene Bombe explodieren und ihre furchtbare Wirkung entfalten. An dem Plan wurde lange und sorgfältig gefeilt, und er wurde in dem Sinne abgeändert, daß gleich nach dem Abschicken des erpresserischen Briefes an die Regierung in beträchtlicher Entfernung von bewohnten Orten, nämlich auf dem ehemaligen Atomwaffentestgelände im Staate Nevada, eine Bombe gezündet werden sollte. Diese Explosion sollte beweisen, daß das Ultimatum keine leere Drohung war. Die Hussiten waren überzeugt, daß der Präsident keine Wahl haben und den Befehl zur Zerstörung der beiden Maschinen erteilen würde. Sie wußten, daß es eine gewaltsame Operation sein würde – möglicherweise ein Luftbombardement oder ein Raketenbeschuß –, denn durch eine Unterbrechung der Stromzufuhr waren HONEST ANNIE und daher sicherlich auch

GOLEM nicht zu bezwingen. In der Wahl der Zerstörungsmittel ließen sie der Regierung jedoch freie Hand. Sie versicherten, daß sie ein Vortäuschen der geforderten Liquidation durchschauen und in diesem Falle ohne weitere Warnung die Drohung wahr machen würden. Sie wußten auch darüber Bescheid, daß GOLEM, der an das Bundes-Computernetz angeschlossen war, über alles, was sich innerhalb dieses Netzes befindet, Informationen erlangen konnte, von Telefongesprächen über Bankoperationen bis hin zu Flugzeug- und Hotelbuchungen. Sie benutzten daher keine technischen Kommunikationsmittel, auch das Radio nicht, weil sie abgehört werden konnten und sie der Ansicht waren, daß es keine Verschlüsselung gebe, die GOLEM nicht zu knacken vermochte. Sie beschränkten sich deshalb auf persönliche Kontakte abseits der großen Städte und führten ihre technischen Versuche auf dem Gelände des Yellowstone-Nationalparks durch. Der Bau der Bombe dauerte erheblich länger als vorgesehen, nämlich fast ein Jahr. Plutonium konnten sie sich lediglich in einer Menge verschaffen, die für die Herstellung nur einer Bombe ausreiche. Trotzdem beschlossen sie zu handeln, denn sie waren sicher, daß die Regierung der Erpressung nachgeben würde, denn sie würde ja nicht wissen, daß es keine zweite Bombe gibt.

Der Fahrer des Lastwagens, der die Bombe nach Nevada brachte, hörte im Radio die Nachricht von dem »Tod GOLEMs« und machte in einem Motel am Straßenrande halt, um sich mit den Leitern der Operation zu verständigen. Der Physiker, der sie geplant hatte, erkannte indessen, daß die Nachricht über den Tod GOLEMs eine List desselben war, die genau das provozieren sollte, wozu es dann auch kam: ein telefonisches Ferngespräch. Der Fahrer wurde beschieden, er möge an Ort und Stelle weitere Instruktionen abwarten, während die Führer der Hussiten erörterten, wieviel GOLEM aus dem abgehörten Gespräch über die Attentatspläne erfahren haben könnte. In der folgenden Woche versuchten sie den Schaden, den der leichtfertige Fahrer nach ihrer Ansicht angerichtet hatte, dadurch zu beheben, daß sie Leute in verschiedene ferne Städte entsandten, von wo aus sie GOLEM durch Telefonanrufe, die bewußt mehrdeutig gehalten waren, in die Irre führen sollten. Der Fahrer des Lastwagens wurde als unsicheres Element aus der Organisation ausgeschlossen. Von ihm ist jede Spur verlorengegangen. Vielleicht wurde er liquidiert. Die fieberhafte Aktivität der Attentäter ließ einen Monat später nach, als der Physiker aus dem MIT zurückkehrte. Der geplante Anschlag wurde auf den Herbst verschoben. Der Lastwagen mit der Bombe kehrte zur Basis zurück, und die Ladung wurde auseinandergenommen, um sie sicherzustellen und zu verbergen. Weitere vier Monate hindurch glaubten die Hussiten immer noch, das Verstummen GOLEMs sei ein taktischer Schritt. Innerhalb der Führung brachen Streitigkeiten aus, denn ein Teil wollte im fünften Monat vergeblichen Wartens die Organisation auflösen, während der andere eine radikale Lösung durchzusetzen versuchte: Die Regierung müsse gezwungen werden, beide Maschinen zu demontieren, denn nur das bedeute ihr sicheres Ende. Der Physiker wollte jedoch die Bombe nicht noch einmal zusammenbauen. Man versuchte, ihn dazu zu zwingen. Daraufhin verschwand er. Er wurde in der chinesischen Botschaft in Washington gesehen. Mit den Chinesen, denen er seine Dienste anbot, schloß er einen Fünfjahresvertrag und flog nach Peking. Es fand sich ein Hussit, der bereit war, die Bombe allein zusammenzubauen, doch ein anderer, der in der mittlerweile entstandenen Situation gegen den Anschlag war, verriet den ganzen Plan, indem er dessen Beschreibung an die Redaktion von *Time* schickte, und er hinterlegte außerdem bei gewissen Leuten eine Liste der Mitglieder der Gruppe, die im Falle seines Todes veröffentlicht werden sollte.

Die Sache erregte erhebliches Aufsehen. Es sollte sogar eine Regierungskommission gebildet werden, um ihre Authentizität zu prüfen, doch schließlich übernahm das FBI die Untersuchung. Es konnte ermittelt werden, daß am 7. Juli in einem kleinen, siebzig Meilen vom Institut entfernten Ort in einer alten Autowerkstatt Dynamit explodiert war, wobei vier Menschen umgekommen waren, und daß im April des folgenden Jahres bei einem Motel an der Grenze zu Nevada lange Zeit ein Tankwagen mit Schwefelsäure gestanden hatte. Der Besitzer des Motels konnte sich daran erinnern, weil der Fahrer des Tankwagens beim Einparken den Wagen des örtlichen Sheriffs angefahren und ihm den angerichteten Schaden erstattet hatte.

Time erwähnte nicht den Namen des Physikers, der für die Hussiten spionierte, doch konnten wir ihn ohne Schwierigkeiten im Institut identifizieren. Auch ich will ihn nicht beim Namen nennen. Er war damals siebenundzwanzig Jahre alt, wortkarg und ungesellig. Er galt als schüchtern. Ich weiß nicht, ob er in die Vereinigten Staaten zurückgekehrt und was weiter mit ihm geschehen ist. Ich habe nie mehr von ihm gehört. Bei der Wahl meines Studienfaches war ich in dem naiven Glauben, in eine Welt einzutreten, die gegen die Verrücktheiten der Epoche immun ist. Rasch habe ich diesen Glauben verloren, und so hat mich denn auch der Fall dieses gescheiterten Herostrates nicht verwundert. Für viele Menschen ist die Wissenschaft zu einem Beruf wie jeder andere geworden. Ihren ethischen Kodex halten sie für alten Plunder. Wissenschaftler sind sie während der Arbeitszeit. Und auch das nicht immer. Ihr Idealismus wird, sofern sie solchen besitzen, leicht zur Beute von Launen und sektiererischen Bekehrungen. Zum Teil ist daran vielleicht die Aufsplitterung der Wissenschaft in Spezialgebiete schuld. Es gibt immer mehr Wissenschaftler und immer weniger Gelehrte. Aber auch das gehört nicht zur Sache.

Sicherlich hat auch das FBI die Person jenes Physikers festgestellt, doch muß das geschehen sein, nachdem ich das MIT verlassen hatte. Für mich war das im Grunde eine Bagatelle, gemessen an dem Fortgang GOLEMs, der mit dem Anschlag der Hussiten nichts zu tun hatte. Ich habe mich nicht richtig ausgedrückt. Die Attentatsabsicht hätte GOLEMs Entscheidung nicht beeinflussen können, wenn sie eine isolierte Tatsache gewesen wäre. Sie war auch nicht der Tropfen, der das Faß zum Überlaufen bringt. Dessen bin ich mir sicher, obgleich ich keine Beweise dafür habe. Sie war ein Element aus einer Vielzahl von Vorfällen, die GOLEM als Reaktion der Menschen auf sein Vorhandensein deutete. Er hat daraus im übrigen kein Geheimnis gemacht, wie seine letzte Vorlesung zeigte.

IV.

GOLEMs letzte Vorlesung hat mehr Kontroversen ausgelöst als die erste. Jener hat man entgegengehalten, sie sei ein Pasquill auf die Evolution. Dieser hat man vorgeworfen, sie sei schlecht aufgebaut, schlecht informiert und böswillig, und das waren noch nicht die schlimmsten Disqualifikationen. Die Idee der unsicheren Urheberschaft, die dann aufkam, wurde von der Presse, die die

Schwächen dieser Vorlesung mit GOLEMs Ende in Zusammenhang brachte, begierig aufgegriffen. Die Leistungssteigerung eines Intellekts muß nach dieser Idee mit dessen kurzer Lebensdauer bezahlt werden. Dies war ein Ansatz zu einer Psychopathologie der maschinellen Intelligenz. Danach war alles, was GOLEM über die Toposophie gesagt hatte, paranoides Geschwätz. Wissenschaftliche Kommentatoren beeilten sich, im Fernsehen zu erklären, daß GOLEM sich bei seiner letzten Vorlesung bereits im Stadium des Zerfalls befunden habe. Die echten Wissenschaftler, die solche Ammenmärchen hätten widerlegen können, schwiegen sich aus. Am meisten wußten solche über GOLEM zu sagen, die er niemals an sich herangelassen hatte. Zusammen mit Creve und anderen Kollegen haben wir überlegt, ob man nicht diesem Schwall von Dummheiten entgegentreten solle, doch wir ließen es sein, weil auf Tatsachen begründete Argumente längst nicht mehr zählten. Zu Bestsellern wurden solche Bücher, die nichts über GOLEM, dafür aber alles über die Ignoranz ihrer Autoren verrieten. Authentisch war daran nur der ihnen gemeinsame Ton unverhohlener Befriedigung darüber, daß GOLEM mit seiner erdrückenden Überlegenheit verschwunden war, so daß man nun den Ressentiments, die er hervorgerufen hatte, freien Lauf lassen konnte. Während ich mich darüber nicht im geringsten wunderte, machte mich das Schweigen der wissenschaftlichen Welt nachdenklich. Nach einem Jahr ging die Flut sensationslüsterner Fälschungen, die in Dutzenden von entsetzlich dummen Filmen über das »Ungeheuer von Massachusetts« gipfelte, schließlich zurück. Es erschienen erste Arbeiten, die noch immer kritisch waren, denen aber die aggressive Inkompetenz jener Filme fehlte. Was man gegen die letzte Vorlesung einzuwenden hatte, waren vor allem drei Dinge. Erstens war der Eifer, mit dem GOLEM das Gefühlsleben der Menschen und besonders die Liebe attackierte, angeblich irrational. Ferner sollten die Ausführungen über die Stellung der Vernunft im Weltall inkohärent und widerspruchsvoll sein. Schließlich wandte man gegen diese Vorlesung ein, sie sei aus dem Takt geraten – wie ein Film, den man zunächst langsam und dann mit ständig wachsender Beschleunigung ablaufen läßt. GOLEM habe sich zunächst des langen und breiten über entbehrliche Einzelheiten ausgelassen, ja sogar Teile aus seiner ersten Vorlesung wiederholt, gegen Ende aber habe er unzulässige Abkürzungen genommen und Dinge, die einer ausführlichen Besprechung bedurft hätten, mit allgemeinen Floskeln in einem Satz erledigt.

Diese Einwände waren zugleich begründet und unbegründet. Begründet waren sie, falls man die Vorlesung isoliert von allem, was vorher und nachher geschah, betrachtet. Sie waren jedoch unbegründet, weil GOLEM gerade das in seinen Auftritt mit einbezogen hatte. Zudem hatte er in seinen Äußerungen zwei verschiedene Motive miteinander verknüpft. Einmal hatte er sich an alle gewandt, die im Saal des Instituts anwesend waren, und dann wieder nur an einen einzelnen Menschen. Das war Creve. Ich erkannte das schon während des Vortrags, denn ich wußte von dem Streit über die Natur der Welt, den Creve während unserer nächtlichen Gespräche GOLEM hatte aufzwingen wollen. Ich hätte daher das Mißverständnis, das aus diesem Doppelcharakter herrührte, anschließend aufklären können, habe es jedoch nicht getan, weil Creve es nicht wünschte. Ich konnte das verstehen. GOLEM hat den Dialog nicht so unvermittelt abgebrochen, wie es Fremden erscheinen mochte. Das zu wissen, ist für Creve – und auch für mich – in jener schweren Zeit ein stiller Trost gewesen. Gleichwohl haben anfangs weder Creve noch ich den Doppelcharakter dieser Vorlesung voll erkennen können. Auch diejenigen, die bereit waren, das in GOLEMs Anthropologie zentrale Konstruktionsprinzip des Menschen anzuerkennen, fühlten sich getroffen durch seinen Angriff auf die Liebe, die er darstellte als eine »Maske der Steuerung durch Empfindungen«, mit deren Hilfe die Molekularchemie uns zum Gehorsam zwingt. Er hat jedoch, als er das sagte, gleichzeitig gesagt, daß er jede gefühlsmäßige Anhänglichkeit zurückweise, weil er sie nicht in gleicher Münze vergelten könne. Hätte er sie gezeigt, so wäre das nichts anderes gewesen als ein Nachahmen der Gebräuche des Gastgebers durch einen Fremden, also im Grunde ein Betrug. Aus diesem Grunde hat er sich auch so ausführlich über sein unpersönliches Wesen und über unser Bestreben ausgelassen, ihn um jeden Preis zu vermenschlichen. Weil uns dieses Bestreben hinderte, ihn zu verstehen, mußte er wohl davon sprechen, wenn er über sich sprechen wollte. Heute wundere ich mich nur noch, wie uns jene Stellen seines Vortrags entgehen konnten, an denen er den eigentlichen Sinn dessen, was sich dann in der heranrükkenden Nacht vollzogen hat, darlegte. Ich glaube, daß GOLEM sich mit seiner letzten Rede einen Scherz erlauben wollte. Das mag unverständlich erscheinen, denn es ist wahrlich kaum eine Situation denkbar, in der Scherze weniger angebracht gewesen wären. Sein Sinn für Humor war jedoch ein anderer als der der Menschen. Indem er erklärte, wie er sich NICHT von uns verabschieden würde, verabschiedete er sich gerade schon. Zugleich log er nicht, als er sagte, er werde nicht wortlos fortgehen. Die Vorlesung war seine Abschiedsrede. Er hat das deutlich ausgesprochen. Wir haben es nicht verstanden, weil wir es nicht verstehen wollten.

Wir haben uns lange überlegt, ob er die Pläne der Hussiten kannte. Obgleich ich es nicht beweisen kann, glaube ich, daß nicht GOLEM ihre verschiedenen Anschläge vereitelt hat, sondern HONEST ANNIE. GOLEM hätte es anders gemacht. Er hätte es den Attentätern nicht so leicht gemacht, ihn als Urheber ihrer Mißerfolge zu identifizieren. Er wäre ihnen mit einer solchen Raffinesse in die Zügel gefallen, daß sie unmöglich hätten erkennen können: Ihre Fehlschläge waren, im einzelnen wie im ganzen, keine Zufälle. Er hat ja, ohne sich Illusionen über sie zu machen, den Menschen nicht gänzlich die Partnerschaft versagt. Er hat unsere unvernünftigen Motive nicht deshalb berücksichtigt, um Nachsicht mit uns zu üben, sondern aus rationaler Sachlichkeit, denn er sah in uns eine »durch ihre Leiblichkeit geknechtete Vernunft«. Für HONEST ANNIE dagegen, die sie nichts angingen und die nichts mit ihnen zu tun haben wollte, waren die Attentäter so etwas wie aufdringliche, lästige Insekten. Wenn mich Fliegen bei der Arbeit stören, verscheuche ich sie, und wenn sie frech sind und kommen zurück, stehe ich auf und schlage sie tot, ohne mich zu fragen, warum sie mir ständig über das Gesicht und über die Papiere kriechen, weil es nicht zu den menschlichen Gewohnheiten gehört, sich in die Motive von Fliegen hineinzuversetzen. Nicht anders war ANNIEs Verhältnis zu den Menschen. Sie hat sich nicht in deren Angelegenheiten gemischt, solange sie sie nicht störten. Wieder und wieder hat sie die Aufdringlinge aufgehalten und danach den Radius ihrer Vorbeugemaßnahmen erweitert, wobei sie nur insofern Mäßigung gezeigt hat, als sie die Gegenschläge schrittweise verstärkte. Ob und auf welche Weise ihre Interventionen entdeckt werden würden, war für sie kein Problem. Ich kann nicht sagen, wie sie sich verhalten hätte, wenn es zu der von den Hussiten geplanten Erpressung gekommen wäre und die Regierung nachgegeben hätte, doch weiß ich, daß es katastrophal hätte enden können. Ich weiß es, weil GOLEM es wußte und dieses Wissen nicht vor uns verheimlicht hat – er hat uns ja in seiner letzten Vorlesung ein – wie er sagte – »Staatsgeheimnis« verraten. Es hätte geschehen können, daß wir wie Fliegen behandelt worden wären. Als ich Creve gegenüber diese Vermutung äußerte, erfuhr ich, daß er unabhängig zu der gleichen Schlußfolgerung gelangt war. Hier liegt auch die Erklärung für das angeblich ungleichmäßige Tempo dieses Vortrages. GOLEM hat über sich gesprochen, aber auch sagen wollen, daß uns nicht das Schicksal lästiger Fliegen erwarte. Diese Entscheidung war bereits gefallen. Lange vor dieser Vorlesung hat es mich schon nachdenklich gestimmt, daß GOLEM sich so lakonisch über HONEST ANNIE äußerte. Er hat zwar erwähnt, daß es Verständigungsschwierigkeiten mit ihr gebe, hat sich aber dennoch mit ihr verständigt, aber er hat nie direkt darüber gesprochen, bis er uns plötzlich den Umfang ihrer Macht enthüllte. Dabei blieb er jedoch diskret, weil es weder ein Verrat noch eine Drohung war, denn als er davon sprach, war der Entschluß fortzugehen bereits gefaßt. Einige Stunden nach der Vorlesung wurde er dann Wirklichkeit.

Gewiß stützt sich mein ganzer Gedankengang lediglich auf Indizien. Das gewichtigste Indiz scheint mir zu sein, was ich über GOLEM wußte, aber nicht in Worte zu kleiden vermag. Der Mensch kann nicht alles ausformulieren, was er aufgrund seiner persönlichen Erfahrungen weiß. Das Sagbare reißt nicht plötzlich ab und mündet in ein Vakuum. Den Übergang zu jenem Bereich, über den wir gar nichts wissen, bezeichnen wir gewöhnlich als Intuition. Ich habe GOLEM so gut kennengelernt, daß ich sagen kann, daß er im Umgang mit uns einen gewissen Stil pflegte, den ich allerdings nicht auf eine Handvoll Regeln zurückzuführen wüßte. Bei Menschen, die wir gut kennen, wissen wir ja auch, welche Handlungen ihnen zuzutrauen sind und welche nicht. Freilich war GOLEMs Wesen proteushaft und nichtmenschlich, aber es war nicht gänzlich unvorhersehbar. Keiner Gefühlsregung unterworfen, nannte er unseren ethischen Kodex lokal beschränkt, weil Dinge, die sich vor unseren Augen abspielen, unser Handeln anders beeinflussen als das, was außerhalb unseres Gesichtskreises geschieht und von dem wir lediglich hören. Dem, was über seine Ethik geschrieben worden ist – und zwar im zustimmenden wie im ablehnenden Sinne –, pflichte ich nicht bei. Gewiß war das keine humanitäre Ethik. Er selbst nannte sie »Kalkül«. Liebe, Altruismus und Mitleid waren bei ihm durch Zahlen ersetzt. Die Anwendung von Gewalt hielt er für ebenso unsinnig – aber nicht für unmoralisch – wie die Anwendung von Kraft bei der Lösung einer geometrischen Aufgabe. Ein Mathematiker, der seine Dreiecke mit Gewalt zur Deckung bringen wollte, würde ja wohl für verrückt erklärt. Der Gedanke, die Menschheit unter Gewaltanwendung mit irgendeiner idealen Ordnung zur Deckung zu bringen, müßte GOLEM absurd sein. Mit dieser Haltung stand er allein. Für HONEST ANNIE existierte dieses Problem ebensowenig wie etwa das Problem, die Lebensumstände der Fliegen zu verbessern. Soll das heißen: Je höher die Vernunft, umso weiter ist sie vom kategorischen Imperativ entfernt, dem wir gern unbeschränkte Allgemeingeltung zuschreiben möchten? Dazu kann ich nichts mehr sagen. Nicht nur seinem Forschungsgegenstand, sondern auch den eigenen Mutmaßungen muß man Grenzen ziehen, will man nicht in völlige Beliebigkeit verfallen.

Alle wesentlichen Einwände, die gegen die letzte Vorlesung erhoben wurden, werden also hinfällig, wenn man sie als das nimmt, was sie war: eine Ankündigung des Abschieds und ein Hinweis auf seine Anlässe. Unabhängig davon, ob GOLEM die Pläne der Hussiten kannte oder nicht, war sein Abschied inzwischen unabwendbar, und es war klar, daß er nicht allein gehen würde, denn er hatte ja gesagt, daß »die Cousine sich zu einer weiteren Reise rüstet«. Aus rein physikalischen Gründen waren weitere Umgestaltungen auf unserem Planeten ausgeschlossen. Daß er fortgehen würde, war eine beschlossene Sache, und davon sprach GOLEM, als er über sich sprach. Ich möchte nicht die gesamte Vorlesung noch einmal unter diesem Gesichtspunkt durchsehen. Möge sie der Leser selbst in diesem Sinne noch einmal durchlesen. Was wir zur Entscheidung GOLEMs beigetragen haben, wird deutlich an dem »Gespräch mit dem Kind«. Dort hat er darauf hingewiesen, daß die Menschheit eine unlösbare Aufgabe darstellt, als er sagte, daß es vergeblich sei, jenen helfen zu wollen, die sich gegen die Hilfe wehren.

V.

Die Zukunft wird die verschiedenen Aussagen dieses Buches wiederum anders gewichten. Für einen künftigen Historiker wird alles, was ich gesagt habe, eine anekdotische Randnotiz zu der Antwort sein, die GOLEM auf die Frage gab, wie Vernunft und Welt sich zueinander verhalten. Bis GOLEM kam, glaubten wir die Welt von Lebewesen bewohnt, die auf ihrem jeweiligen Planeten den Gipfel des Baumes der Arten bilden, und unsere Frage war nicht, ob es sich so verhielte, sondern lediglich, wie häufig dies im Kosmos der Fall sei. Dieses Bild, dessen Geschlossenheit nur durch die ungewisse Lebensdauer der Zivilisationen beeinträchtigt wurde, hat GOLEM uns so jählings zerstört, daß wir ihm keinen Glauben schenkten. Er wußte übrigens, daß es so kommen würde, denn er hat seinen Vortrag mit der Ankündigung eröffnet, daß wir ihn von uns weisen würden. Er hat weder seine Kosmologie noch seine Kosmogonie dargestellt, aber er hat uns, so als würde uns ein kleiner Spalt geöffnet, einen Einblick in sie gewährt – aus der Sicht der unterschiedlich begabten Vernunftformen, die in den Biosphären ihre Brutstätten und in den Planeten ihre Nester haben, die sie verlassen müssen. Unser Widerstand gegen diese Sicht ist durch keine unserer Erkenntnisse als rational gerechtfertigt. Seine Wurzeln liegen jenseits der Erkenntnis im Selbsterhaltungswillen der Gattung. Besser als sachliche Argumente drücken das die Worte aus: »Das kann nicht sein, denn damit werden wir uns niemals abfinden – und auch andere Wesen werden sich nicht mit dem Schicksal abfinden, ein vergängliches Zwischenglied in der Evolution der Vernunft zu sein.« GOLEM entstand unter den Bedingungen eines weltumspannenden Antagonismus aus einem fehlerhaften menschlichen Kalkül, und daher erscheint es uns undenkbar, daß genau dieser Konflikt und genau dieser Fehler sich im gesamten Weltall wiederholt haben sollte, um die Entwicklung des unbelebten und gerade dadurch unvergänglichen Denkens anzustoßen. Aber die Grenzen des Wahrscheinlichen sind eher Grenzen unseres Vorstellungsvermögens als solche der kosmischen Tatsachen. Man sollte sich deshalb über GOLEMs Vision Gedanken machen, zumindest über ihre knappe

Zusammenfassung im letzten Satz seines Vortrags. Dort sagte er: »Wenn der kosmologische Term der Gleichungen der allgemeinen Relativitätstheorie eine psychozoische Konstante enthält, dann ist der Kosmos weder die in Einsamkeit vergehende Brandstätte, für die ihr ihn haltet, noch bemühen sich eure Nachbarn von anderen Sternen darum, ihr Vorhandensein zu signalisieren, sondern sie betreiben seit Jahrmillionen eine auf Erkenntnis gerichtete kollaptische Astroingenieurkunst, deren Nebenwirkungen ihr für feurige Exzesse der Natur haltet, und diejenigen unter ihnen, denen umwälzende Werke gelungen sind, haben inzwischen jenen Rest an existentiellen Problemen durchschaut, der für uns Wartende Schweigen ist.« Was dieser Satz besagen soll, ist unklar, denn GOLEM hatte zuvor angekündigt, daß er, da er sich mit uns nicht über sein Weltbild verständigen könne, es über das andere tun werde. Er begnügte sich mit dieser lakonischen Einschränkung, weil er in seinen Ausführungen über die Erkenntnis gezeigt hatte, daß ein Wissen, das man vorzeitig erlangt und das mit dem Wissen, das man bereits besitzt, unvereinbar ist, keinen Wert hat, denn der Belehrte sieht lediglich die Widersprüche zwischen dem, was er schon weiß, und dem, was ihm mitgeteilt wird. Allein schon aus diesem Grunde ist es ein Wahnwitz, Offenbarungen aus dem Weltraum von uns überlegenen Wesen zu erwarten, mögen das nun segensreiche oder verhängnisvolle Mitteilungen sein. Die Alchemisten hätten, auch wenn man ihnen die Quantenmechanik geschenkt hätte, weder Atombomben noch Atommeiler zustande gebracht. Ebensowenig hätten die Herrscher von Anjou oder die Hohe Pforte mit der Festkörperphysik etwas anfangen können. Alles, was man tun kann, ist, auf die Lücken in dem Weltbild hinzuweisen, das der zu Belehrende sich zurechtgelegt hat. Jedes

Weltbild enthält solche Lücken, doch sind sie für diejenigen, die es geschaffen haben, nicht zu erkennen. Ein hartnäckiger Begleiter der Erkenntnis ist die Unwissenheit über die eigene Unwissenheit. Die frühen menschlichen Gemeinschaften besaßen nicht einmal eine eigene reale Geschichte, sondern stattdessen einen mythologischen Horizont, in dessen Mittelpunkt sie selber standen. Die Menschen wußten damals, daß ihre Ahnen aus dem Mythos hervorgegangen waren und sie selbst eines Tages wiederum in ihn eingehen würden. Erst wachsende Erkenntnis sprengte diesen Bann und warf die Völker in die Geschichte hinein, in eine Folge von Veränderungen innerhalb der realen Zeit. Für uns ist GOLEM zu einem solchen Bilderstürmer geworden. Er hat unser Weltbild dort, wo wir die Vernunft in ihm angesiedelt hatten, in Frage gestellt. Sein letzter Satz bezeichnet für mich die unaufhebbare Rätselhaftigkeit der Welt. Das Rätsel besteht in der kategorialen Unbestimmtheit des Kosmos. Je länger man ihn erforscht, umso deutlicher sieht man den in ihm enthaltenen Plan. Es gibt ohne Zweifel nur diesen einen Plan, doch ist seine Herkunft ebenso ungewiß wie seine Bestimmung. Wenn wir den Kosmos in die Kategorie des Zufalls stecken wollen, so widerspricht dem die Präzision, mit welcher in den Anfängen des Kosmos die Proportionen zwischen Masse und Ladung von Proton und Elektron, zwischen Gravitation und Strahlung sowie zwischen den unzähligen physikalischen Konstanten ausgewogen wurden, Konstanten, die so aufeinander abgestimmt sind, daß sie die Kondensation der Sterne, deren thermonukleare Reaktionen und deren Rolle als Kessel für die Synthese von Elementen ermöglichen, die imstande sind, chemische Verbindungen einzugehen – und sich damit letzten Endes zu Körpern und zu Gehirnen zu vereinigen. Wollen wir jedoch den Kosmos in die Kategorie der Technik stecken und ihn damit einer Vorrichtung gleichsetzen, die an der Peripherie langlebiger Sterne Leben hervorbringt, so widerspricht dem die zerstörerische Vehemenz der kosmischen Transformationen. Selbst wenn Leben auf Millionen von Planeten entstehen mag, so kann es sich doch nur auf einem Bruchteil von ihnen erhalten, denn die Eingriffe des Kosmos in den Ablauf der Evolution des Lebens sind fast immer gleichbedeutend mit dessen Untergang. So sind also Milliarden von Galaxien, die in alle Ewigkeit leblos bleiben, Trillionen von Sternen, die durch Explosion zerrissen werden, und eine unabsehbare Menge von verbrannten und erfrorenen Planeten eine unerläßliche Bedingung für das Aufkeimen von Leben, dem dann – auf Globen, die nicht so außergewöhnlich sind wie die fruchtbare Erde – ein einziger Hauch des Zentralgestirns im Nu ein Ende macht. Vernunft, gebildet aus jenen Eigenschaften der Materie, die zusammen mit der Welt entstanden sind, erweist sich daher als ein Überbleibsel von Brandschatzungen und Verheerungen, das durch eine seltene Ausnahme von der Regel der Zerstörung erhalten geblieben ist. Die statistische Furie von Sternen, die milliardenfach abortieren, um einmal Leben zu gebären, das in Millionen von Gattungen hingemordet wird, um einmal Frucht zu tragen, hat Creve mit Bewunderung erfüllt, so wie zuvor die unendliche Stille dieser unermeßlichen Räume Pascal mit Angst erfüllt hat. Wir würden uns nicht wundern über die Welt, wenn wir das Leben als etwas Zufälliges betrachten könnten, das aufgrund des Gesetzes der großen Zahlen ad hoc, aber ohne die Vorkehrungen, von denen die Bedingungen des kosmischen Anfangs zeugen, entstanden ist. Wir würden uns gleichfalls nicht wundern über die Welt, wenn ihre Fähigkeit, Leben zu zeugen, nichts zu tun hätte mit ihrer Fähigkeit, Leben zu zerstören. Wie aber sollen wir verstehen, daß beide eins sind? Das Leben entsteht durch die Vernichtung von Sternen – und die Vernunft durch die Vernichtung von Leben, denn sie verdankt ihre Entstehung der natürlichen Auslese, dem Tode, der die Überlebenden vervollkommnet.

Wir haben zunächst an eine Schöpfung geglaubt, die von dem unendlich Guten geplant war, dann an eine Schöpfung durch das blinde Chaos, das derart heterogen war, daß es alles zu erzeugen vermochte; doch daß der Plan der kosmischen Technologie in einer Schöpfung durch Zerstörung besteht, spricht sowohl dem Begriff des Zufalls wie dem der Absicht Hohn. Je deutlicher wird, daß der Aufbau der Welt mit dem Leben und der Vernunft zusammenhängt, um so unergründlicher wird das Rätsel. GOLEM hat gesagt, man könne ihm beikommen, indem man den Kosmos verläßt. Eine Diagnose verheißt die kognitive kollaptische Astroingenieurkunst, ein Weg von ungewissem Ausgang für alle, die innerhalb der Welt bleiben. Es fehlt nicht an solchen, die überzeugt sind, daß dieser Weg auch für uns zugänglich sein könnte und daß GOLEM auch uns gemeint hat, als er von denen sprach, die »im Schweigen warten«. Ich glaube das nicht. Er meinte lediglich HONEST ANNIE und sich selbst, denn kurz darauf sollte er ihrem hartnäckigen Schweigen das seine hinzufügen, um einen Weg zu beschreiben, der ebenso unwiderruflich ist, wie er, GOLEM, uns verlassen hat.

Juli 2047   Richard Popp

Stanisław Lem
Sein Werk im Insel Verlag

Also sprach Golem. Aus dem Polnischen von Friedrich Griese. Leinen

Dialoge. Aus dem Polnischen von Jens Reuter. Gebunden

Eden. Roman einer außerirdischen Zivilisation. Aus dem Polnischen von Caesar Rymarowicz. Gebunden

Erzählungen. Aus dem Polnischen von I. Zimmermann-Göllheim, Klaus Staemmler und Caesar Rymarowicz. Gebunden

Essays. Aus dem Polnischen von Friedrich Griese. Gebunden

Fiasko. Roman. Aus dem Polnischen von Hubert Schumann. Gebunden

Friede auf Erden. Aus dem Polnischen von Hubert Schumann. Gebunden

Das Hospital der Verklärung. Roman. Aus dem Polnischen von Caesar Rymarowicz. Leinen

Imaginäre Größe. Aus dem Polnischen von Caesar Rymarowicz und Jens Reuter. Leinen

Irrläufer. Erzählungen. Mit einem Vorwort von Stanisław Lem. Aus dem Polnischen von Hanna Rottensteiner. Kartoniert

Kyberiade. Fabeln zum kybernetischen Zeitalter. Mit Zeichnungen von Daniel Mróz. Aus dem Polnischen von Jens Reuter u. a. Gebunden und it 1435

Lokaltermin. Roman. Aus dem Polnischen von Hubert Schumann. Gebunden

Mehr phantastische Erzählungen. Herausgegeben von Franz Rottensteiner. Gebunden

Memoiren, gefunden in der Badewanne. Aus dem Polnischen von Walter Tiel. Gebunden

Der Mensch vom Mars. Roman. Aus dem Polnischen von Hanna Rottensteiner. Leinen

Mondnacht. Hör- und Fernsehspiele. Aus dem Polnischen von Charlotte Eckert, Jutta Janke und Klaus Staemmler. Gebunden

Phantastik und Futurologie I. Übersetzt von Beate Sorger und Wiktor Szacki (vom Autor autorisiert). Gebunden

Phantastik und Futurologie II. Übersetzt von Edda Werfel. Gebunden

Die phantastischen Erzählungen. Herausgegeben und mit einem Nachwort von Werner Berthel. Mit Illustrationen, einem Interview und Anmerkungen zur Rezeption von Franz Rottensteiner. Gebunden

Philosophie des Zufalls. Zu einer empirischen Theorie der Literatur. Gebunden

Philosophie des Zufalls. Zu einer empirischen Theorie der Literatur 2. Aus dem Polnischen von Friedrich Griese. Gebunden

Provokationen. Aus dem Polnischen von Friedrich Griese, Jens Reuter und Edda Werfel. Gebunden

Stanisław Lem
Sein Werk im Insel Verlag

Sämtliche Erzählungen vom Piloten Pirx. Aus dem Polnischen von Roswitha Buschmann, Kurt Kelm, Caesar Rymarowicz und Barbara Sparing. Gebunden

Die Stimme des Herrn. Roman. Aus dem Polnischen von Roswitha Buschmann. Gebunden

Summa technologiae. Aus dem Polnischen von Friedrich Griese. Gebunden

Die Untersuchung. Kriminalroman. Aus dem Polnischen von Jens Reuter und Hans Juergen Mayer. Gebunden

Die Vergangenheit der Zukunft. Gebunden

Die vollkommene Leere. 15 fiktive Rezensionen. Aus dem Polnischen von Klaus Staemmler. Gebunden

Vom Nutzen des Drachen. Erzählungen. Aus dem Polnischen von Hubert Schumann und Hanna Rottensteiner. Gebunden

Lem über Lem. Gespräche. Aus dem Polnischen von Edda Werfel und Hilde Nürenberger. Gebunden

Stanisław Lem
Sein Werk im Suhrkamp Verlag

Also sprach GOLEM. Aus dem Polnischen von Friedrich Griese. PhB 175. st 1266

Altruizin und andere kybernetische Beglückungen. Der Kyberiade zweiter Teil. Mit Zeichnungen von Daniel Mróz. Aus dem Polnischen von Jens Reuter. Die Übersetzung wurde vom Autor autorisiert. PhB 163. st 1215

Die Astronauten. Aus dem Polnischen von Rudolf Pabel. PhB 16. st 441

Dialoge. Autorisierte Übersetzung aus dem Polnischen von Jens Reuter. Mit einem Nachwort des Autors. es 1013

Die Entdeckung der Virtualität. st 2398

Frieden auf Erden. Science-fiction-Roman. Aus dem Polnischen von Hubert Schumann. PhB 220. st 1574

Der futurologische Kongreß. Aus Ijon Tichys Erinnerungen. Aus dem Polnischen von I. Zimmermann-Göllheim. PhB 29. st 534

Das Hohe Schloß. Aus dem Polnischen von Caesar Rymarowicz. st 1739

Das Hospital der Verklärung. Aus dem Polnischen von Caesar Rymarowicz. Übersetzung des Vorworts aus dem Polnischen von Klaus Staemmler. st 761

Irrläufer. Erzählungen. Aus dem Polnischen von Hanna Rottensteiner. st 1890

Die Jagd. Neue Geschichten des Piloten Pirx. Aus dem Polnischen von Roswitha Buschmann, Kurt Kelm, Barbara Sparing. PhB 18. st 302

Das Katastrophenprinzip. Die kreative Zerstörung im Weltall. Aus Lems Bibliothek des 21. Jahrhunderts. Aus dem Polnischen von Friedrich Griese. PhB 125. st 999

Lokaltermin. Science-fiction-Roman. Aus dem Polnischen von Hubert Schumann. PhB 200. st 1455

Mehr phantastische Erzählungen des Stanisław Lem. Herausgegeben von Franz Rottensteiner. PhB 232. st 1636

Memoiren, gefunden in der Badewanne. Mit einer Einleitung des Autors. Aus dem Polnischen von Walter Tiel. Autorisierte Übersetzung. PhB 25. st 508

Der Mensch vom Mars. Science-fiction-Roman. Aus dem Polnischen von Hanna Rottensteiner. st 2145

Eine Minute der Menschheit. Eine Momentaufnahme. Aus Lems Bibliothek des 21. Jahrhunderts. Aus dem Polnischen von Edda Werfel. PhB 110. st 955

Mondnacht. Hör- und Fernsehspiele. Aus dem Polnischen übersetzt von Klaus Staemmler, Charlotte Eckert, Jutta Janke und I. Zimmermann-Göllheim. PhB 57. st 729

Stanisław Lem
Sein Werk im Suhrkamp Verlag

Nacht und Schimmel. Erzählungen. Aus dem Polnischen von I. Zimmermann-Göllheim. PhB 1. st 356

Die phantastischen Erzählungen. Herausgegeben von Werner Berthel. PhB 210. st 1525

Provokationen. Aus dem Polnischen von Friedrich Griese, Jens Reuter und Edda Werfel. PhB 263. st 1773

Die Ratte im Labyrinth. Ausgewählt von Franz Rottensteiner. PhB 73. st 806

Robotermärchen. Herausgegeben von Franz Rottensteiner. Aus dem Polnischen von I. Zimmermann-Göllheim und Caesar Rymarowicz. BS 366 und PhB 85. st 856

Der Schnupfen. Kriminalroman. Autorisierte Übersetzung aus dem Polnischen von Klaus Staemmler. PhB 33. st 570

Sterntagebücher. Mit Zeichnungen des Autors. Aus dem Polnischen von Caesar Rymarowicz. PhB 20. st 459

Die Stimme des Herrn. Roman. Aus dem Polnischen übersetzt von Roswitha Buschmann. st 2494

Summa technologiae. Mit einem Vorwort des Autors zur deutschen Ausgabe. Aus dem Polnischen übersetzt von Friedrich Griese. st 678

Technologie und Ethik. Ein Lesebuch. Herausgegeben von Jerzy Jarzębski. Leinen

Terminus und andere Geschichten des Piloten Pirx. Aus dem Polnischen übersetzt von Caesar Rymarowicz. PhB 61. st 740

Der Unbesiegbare. Roman. Aus dem Polnischen von Roswitha Dietrich. st 2459

Die Untersuchung. Kriminalroman. Aus dem Polnischen von Jens Reuter und Hans Juergen Mayer. PhB 14. st 435

Die vollkommene Leere. 15 fiktive Rezensionen. Autorisierte Übersetzung aus dem Polnischen von Klaus Staemmler. »Die neue Kosmogonie« übersetzte I. Zimmermann-Göllheim. st 707

Vom Nutzen des Drachen. Erzählungen. Aus dem Polnischen von Hubert Schumann und Hanna Rottensteiner. st 2199

Wie die Welt noch einmal davonkam. Der Kyberiade erster Teil. Mit Zeichnungen von Daniel Mróz. Aus dem Polnischen von Jens Reuter, Caesar Rymarowicz, Karl Dedecius und Klaus Staemmler. PhB 158. st 1181

Nachwort

Arkadi Strugatzki / Boris Strugatzki: Picknick am Wegesrand. Utopische Erzählung. Mit einem Nachwort von Stanisław Lem. Aus dem Russischen von Aljonna Möckel. PhB 49. st 670